Collection Rolf Heyne

ROTRAUD DEGNER

DIE WELT DER PASTA

150 PASTASORTEN IN TEXT UND BILD

COLLECTION ROLF HEYNE
MÜNCHEN

*Meiner Freundin Lisa Buchner gewidmet,
die mich nach dem Krieg in Italien
mit der* cucina italiana *bekannt gemacht
und meine Liebe zur Pasta geweckt hat.*

Umschlaggestaltung: Hauptmann und Kampa
Werbeagentur, CH-Zug
Layout, Graphische Gestaltung & Satz:
Greenstuff, Iris & Jochen Grün, München
Herstellung: Karlheinz Rau, München
Litho: PHG, Martinsried
Druck und Bindung: RMO Druck, München

Printed in Germany

ISBN 3-453-16877-1

Inhalt

Vorwort 7

Die Geschichte der Pasta 9

Vom sinnlichen Genuss
einer Pastamahlzeit 12

»Al dente« – die Kunst
des Nudelkochens
auf den Punkt gebracht 14

Wer Pasta sagt,
muss auch Sugo sagen 16

Die Regionen 18–36

Piemont und das Aostatal 19

Ligurien 20

Mailand • Lombardei 22

Venetien • Friaul • Trentino 23

Bologna • Emilia-Romagna 25

Toskana, Umbrien und Marken 27

Rom • Latium • Abruzzen 29

Neapel und Kampanien 31

Apulien • Basilikata • Kalabrien 33

Sizilien 34

Sardinien 36

Lexikon der Pastasorten ..... 37—164

Pasta secca ..... 37—118

Die unendliche Vielfalt der *Pasta secca* 38

Die fabrikmäßige Herstellung der *Pasta secca* 39

Nicht nur die Formen unterscheiden sich... 41

Acht goldene Regeln für das Kochen fabrikmäßig hergestellter Pasta aus Hartweizengrieß 43

Pasta secca lunga 45

Pasta secca corta 71

Pasta secca piccola 107

Pasta colorata 117

Pasta fresca ..... 119—164

Einführung 120

Das Grundrezept für *Pasta fresca* 122

Sechs goldene Regeln für das Kochen hausgemachter Eiernudeln 123

Pasta fresca 125

Pasta ripiena 141

Pastaklassiker – Rezepte 165

Danksagung 215

Register der Pastasorten 216

Verzeichnis der Rezepte 222

Vorwort

Als ich vor zehn Jahren mein Pastabuch schrieb, bin ich durch ganz Italien gereist, um in den verschiedenen Regionen die typischsten Nudelvarianten und ihre Rezepte kennen zu lernen. Dabei habe ich mir natürlich auch – von den modernsten computergesteuerten Nudelfabriken bis zu den kleinsten Familienbetrieben – die Pastaherstellung genau angesehen. Seither hat sich, wie ich feststellte, in Italien auf diesem Sektor wenig verändert. Zwar hat so mancher kleine Betrieb angesichts der marktbeherrschenden Giganten aufgeben müssen. Und auch die hingebungsvolle Mamma, die vor allem in der Emilia den Teig für die hausgemachten Eiernudeln zu hauchdünner Vollkommenheit auszurollen versteht, ist dazu höchstens noch an Sonn- und Feiertagen bereit. Dennoch ist und bleibt der *piatto preferito* aller Italiener ein Teller dampfender Nudeln, Tag für Tag. Spaghetti sind dabei noch immer die Nummer Eins. Zudem ist die italienische Pastaküche in aller Welt – von Amerika bis Japan – immer beliebter geworden. Und die Erkenntnis, dass die mediterrane Nudelküche nicht nur köstlich, sondern auch besonders gesund ist, hat diesen Trend noch verstärkt.

Die Zahl der Nudelbücher ist inzwischen Legion. Warum ich dann noch ein weiteres hinzufüge? Weil immer mehr Pastafans wissen wollen, was sich hinter den zahllosen phantasievollen Bezeichnungen auf den Nudelpaketen versteckt, die in immer größerer Auswahl in Lebensmittelgeschäften und Kaufhäusern angeboten werden. Wie sehen zum Beispiel *capelli d'angelo, candele, creste di gallo, occhi d'elefante* aus? Wie kocht man sie, und welcher Sugo gehört dazu? Für Italiener kein Problem – sie haben schon als Kinder der Mutter beim Nudelkochen zugeschaut. Aber die vielen neuen Pastaliebhaber nördlich der Alpen möchten ihr Nudelrepertoire erweitern.

Nicht nur für den Einkauf daheim, auch bei Italienreisen ist es im Restaurant beim Studium der Speisekarte nützlich zu wissen, welche Nudelsorte sich unter der Rubrik *primi piatti* hinter dem wohlklingenden Namen verbergen. Wenn ich allerdings jede regionale Pastavariante hier vorstellen wollte, käme ich auf über 600 Seiten.

Unentbehrlich zum Schneiden der vielfältigen Formen aus der ausgerollten Pasta ist ein Nudelrädchen – eine rotella. *Das wussten schon die Etrusker. Man hat diese nämlich, neben anderen Geräten zur Nudelherstellung, auf zahlreichen Reliefs in antiken Etruskergeräten entdeckt.*

Die Geschichte der Pasta

Wann und wo die ersten Nudeln erfunden wurden, ist in Italien Thema unendlicher Diskussionen und zahlreicher Doktorarbeiten. Die Legende, derzufolge der Weltreisende Marco Polo die Nudeln im 13. Jahrhundert aus China in seine Heimatstadt Venedig brachte, lässt sich durch kein Dokument belegen, obwohl man weiß, dass in China die glatten Nudeln schon vor 3000 Jahren bekannt waren.

Aber schon zur Römerzeit taucht in den Kochbüchern des Apicius häufig das Wort »*làganum*« auf, das ist eine Beilage aus Getreide, die bei den opulenten Gastmählern der Zeitenwende gereicht wurde, später aber wieder in Vergessenheit geriet.

Inzwischen gilt als sicher, dass die heute so beliebte Pasta aus Hartweizengrieß und Wasser tatsächlich in Italien erfunden wurde, und zwar im neunten oder zehnten Jahrhundert auf Sizilien. Allerdings nicht von den Sizilianern, sondern von den Arabern. Die hielten damals die Insel besetzt und haben so manche Spuren ihrer Kochkunst in der dortigen Küche hinterlassen. Der sonnengereifte *grano duro* aus den reichen Kornkammern Siziliens brachte die Muselmanen darauf, ein lange haltbares Nahrungsmittel herzustellen, das auf Kriegszügen ohne große Umstände zuzubereiten war.

Aus einem Teig aus Hartweizengrieß und Wasser wurden dünne Teigplatten streifenförmig herausgeschnitten und zum Trocknen um Stäbe gewickelt. Die röhrenförmigen Teiggebilde wurden von den Arabern *maccaruni* genannt. Auch die Bezeichnung *bucatini* (von *buco*, Loch) tauchte schon früh auf. Nach dem Abzug der Araber übernahmen die Sizilianer diese Art der

Pastazubereitung, die sich in relativ kurzer Zeit im ganzen Mezzogiorno, dem Süden Italiens, ausbreitete.

Mitte des vorigen Jahrhunderts wurde der Golf von Neapel zum Zentrum der fabrikmäßigen *Pasta-secca*-Herstellung. Hier herrschte das ideale Klima: Klares Wasser von den Hängen des Vesuvs, Sonne zum Trocknen der im Freien aufgehängten Nudeln und eine feuchte Meeresbrise, die verhinderte, dass die Teigwaren zu schnell trockneten. Makkaroni und Spaghetti wurden schnell zum Volksnahrungsmittel, und man verkaufte sie überall noch dampfend heiß auf den Straßen.

Die feinere Variante der Pasta aus Weizenmehl und Eiern, die *Pasta fresca all'uovo,* blieb lange Zeit den Reichen vorbehalten. An den Höfen der Könige und der Aristokraten erfanden die Köche immer neue üppige Nudelgerichte mit phantasievollsten, häufig süßen Füllungen. Die ersten mit Nudeln gefüllten Pasteten soll ein gewisser Maestro Zafferino 1501 zur Hochzeit der Lucrezia Borgia mit dem Herzog von Ferrara kreiert haben. Heute gilt die Emilia mit ihrer Hauptstadt Bologna als Paradies der hausgemachten Eierteignudeln, der *Pasta all'uovo* oder *Pasta casalinga*.

Vom sinnlichen Genuss einer Pastamahlzeit

Welcher Pastaliebhaber kennt nicht jene Augenblicke wunschlosen Glücks, wenn er unter der strahlenden Sonne Italiens – irgendwo am blauen Meer – vor einem Teller frisch zubereiteter Spaghetti sitzt. Da genießen die Augen das leuchtende Rot des Tomatensugo zwischen den zartgelben Spaghetti, die Nase den köstlichen Duft nach reifen *pomodori,* Olivenöl und Basilikum und das Aroma des soeben über den Teller geriebenen Parmesans. Vielleicht kommt noch ein leichtes Meeresaroma hinzu, das von den unter die Pasta gemischten Muscheln oder kleinen Meeresfrüchten stammt. Es erinnert alles ein wenig an eine Weinprobe: Erst freut sich das Auge, dann wird mit der Nase der Duft aufgenommen. Zuletzt folgt das Gaumenerlebnis.

Der Kunstprofessor Kubelka hat den Gaumengenuss in dem Buch *»Pastario«* folgendermaßen analysiert:

»Erst im Mund entwickelt die Pasta ihre verschiedenen Charaktere. Damit aber der Charakter im Mund lesbar ist, muss die Pasta *al dente* sein. Das ist das Geheimnis. Wenn auch das schwerelose Auge breiige Nudeln noch als solche akzeptiert, so entlarvt sie der Mund als indifferente Masse. Der Mund ist maßgeblich für die Beurteilung der durch die Pasta zum Ausdruck gebrachten Botschaft, und wenn sich zwischen Zunge und Gaumen *perciatelli* nicht von *bigoli* unterscheiden, dann wird nicht die präzise Vision von Neapel und Mantua beschworen, sondern ein verschwommenes Etwas ohne Identität. Die Pasta ist Architektur für den Mund.«

Ich gebe zu, dass ich bis heute bei einer Blindverkostung *perciatelli* und *bucatini* nicht unbedingt unterscheiden könnte, aber erst durch diese Worte des Professors habe ich gelernt, die so unterschiedlichen Nudelformen als wesentlichen Bestandteil des Pastagenusses zu begreifen.

» *Al dente* «
Die Kunst des Nudelkochens auf den Punkt gebracht

Der vollkommene Pastagenuss hängt zu einem großen Teil von der richtigen Kochzeit der Nudeln ab, denn es gibt nur einen kurzen Augenblick, in dem sie wirklich *al dente* sind. Ein bisschen zu kurz gekocht, und sie sind noch zu hart, nur ein wenig zu lang gekocht, und sie haben die ideale, kernige Konsistenz und ihre Bissfestigkeit verloren. Die Angaben auf der Packung oder im Rezept können nur ungefähre Richtlinien sein. Es kommt auf die Höhenlage, die Außentemperatur, die Luftfeuchtigkeit und das Wasser an, in dem die Teigwaren gekocht werden. Den richtigen Augenblick müssen allerdings Sie selbst herausfinden: keine Italienerin kocht die Pasta nach der Uhr. Während sie den passenden Sugo zubereitet, lässt sie den dampfenden Nudeltopf nicht mehr aus den Augen. Wenn der Garprozess begonnen hat, durchzieht bald ein angenehmer Duft nach Getreide die Küche.

Man sieht, wie die Nudeln nach und nach ihre Starre verlieren und glatt und biegsam werden. Mindestens 1 Minute vor dem Ende der angegebenen Garzeit (sie kann je nach Pastasorte 3 bis 20 Minuten betragen) zieht die Köchin eine Probenudel zum Kosten heraus. Die äußerlich weiche Nudel muss immer noch einen kleinen, spürbar festen Kern haben. *Anima* – Seele – wird er in Italien genannt. Ist er zu groß, schmeckt die Pasta nach roher Stärke. Also kurz weiter kochen lassen und erneut eine Probenudel entnehmen. Übrigens, diese Aufgabe – aber nur diese – übernimmt in Italien auch gerne der Herr des Hauses.

Inzwischen hat sich die hungrige Familie schon um den Tisch versammelt, denn wenn die Hausfrau die Nudeln in den Kochtopf wirft, ruft sie: *»Butto giù la Pasta!«* (sinngemäß: Ich werfe jetzt die Nudeln in den Topf!). Sind die Nudeln *al punto,* muss alles ganz schnell gehen: Sie werden mit dem Sugo in der Pfanne oder im Kochtopf vermischt. Teller oder Schüssel sind vorgewärmt, und unter andächtigem Schweigen gibt sich jeder dem Pastagenuss hin.

Wer Pasta sagt, muss auch Sugo sagen

Für das Wort *sugo* gibt es im Deutschen keinen adäquaten Begriff. Es einfach mit Sauce zu übersetzen, hieße einem der subtilsten und vielseitigsten Elemente der italienischen Küche Unrecht tun. *Sughi* können, wenn auch in geringer Menge, alle Zutaten einer anspruchsvollen Hauptmahlzeit enthalten. Mit ihrem Aroma und ihrem Saft durchdringen sie die geschmacksneutrale Pasta und verwandeln sie in immer neue Gerichte.

Ihr wahrer Siegeszug begann im 16. Jahrhundert, als die Tomaten bekannt wurden – die heute in fast keinem Sugo fehlen. Aber jede Region hat ihre eigenen Rezepte aus den besten Zutaten, die Wälder, Gärten und Felder liefern. Das sind die *condimenti*. Die sonnengereiften Gemüse des Südens mit ihrem intensiven Geschmack, die herrlichen frischen Muscheln und *frutti di mare* aus dem Mittelmeer, aus den Wäldern des Nordens Wild- und Wildgeflügel, aber auch schwarze und weiße Trüffel. Und da es mindestens 200 verschiedene Sugo-Rezepte gibt, stehen dem Feinschmecker viele Entdeckerfreuden bevor.

An Sonntagen, vor allem aber an Feiertagen, gibt es zur Pasta häufig ein *ragù,* eine Fleischsauce von dicklicher Konsistenz. Es besteht je nach Region aus Kalbfleisch, Rindfleisch und Schweinefleisch, in waldreichen Gegenden wie der Toskana, Venetien oder Piemont auch aus Wild und Wildgeflügel, dazu kommen Tomaten und Kräuter. Das *ragù* muss viele Stunden in einem eisernen Schmortopf vor sich hin köcheln, bevor sich alle Zutaten vermischt und geschmacklich durchdrungen haben.

Salsa nennt man nur weiße Saucen wie Béchamel- oder Sahnesaucen, die zum Überbacken Verwendung finden.

Eigentlich gehört auch das herrliche Olivenöl Italiens, das in jeder Region einen anderen Duft und Geschmack hat, zu den *sughi*. Manchmal genügen schon ein paar Tropfen Olivenöl *extra vergine,* über die angerichtete Pasta geträufelt, um ein Nudelgericht zu veredeln.

Nach Brüsseler Gesetz müssen übrigens alle Flaschen Olivenöle *extra vergine* ein Etikett mit der Aufschrift »Natives Olivenöl extra« tragen, doch inoffiziell wird der wohlklingende Name *extra vergine* immer noch verwendet.

Die Regionen

Piemont und das Aostatal

Immer mehr Feinschmecker entdecken Piemont als kulinarisch interessanteste Region Italiens. Das liegt nicht nur an den edlen Weinen und den berühmten weißen Trüffeln, sondern an der Güte aller verwendeten Lebensmittel: Fleisch, Geflügel, Wild, Gemüse, Waldpilze, Früchte, Brot – alles ist von höchster Qualität. Das benachbarte Aostatal liefert ein einmaliges Angebot an frischen und gereiften Bergkäsen von Rindern, Schafen und Ziegen. Und die Anzahl an kleinen und großen Restaurants mit hervorragender Küche ist groß. Klein ist hingegen das Pastaangebot unter den *primi piatti* – Risottogerichte und auch Polenta stehen mindestens ebenso häufig auf der Speisekarte.

Aber in der Trüffelzeit gibt es doch ein einmaliges piemontesisches Pastagericht: *Tajarin con tartufo bianco*. Für den Teig der schmalen, hausgemachten Eierbandnudeln werden 20 bis 30 Eigelb auf 500 g Weizenmehl verwendet. Vor dem Auftragen schwenkt man die *tajarin* nur in frischer Butter, etwas Parmesankäse und Trüffelscheiben, und bei Tisch fügt man mit dem Spezialhobel noch weitere Trüffelscheiben hinzu – das gehört zu den großen Geschmackserlebnissen im Piemont. Aber natürlich kann man die *tajarin* auch mit weniger Eiern herstellen und – vor allem außerhalb der Trüffelzeit – auch mit saftigen Steinpilzen oder mit einem der feinen Fleischragouts der Region auftragen.

Agnolotti sind in ganz Italien beliebt. Aber nur im Piemont gibt es die gefüllten Teigtaschen *Agnolotti al plin*. Nach der Erklärung für den *al plin* habe ich lange geforscht. Dabei bedeutet es nur, dass der Rand der runden Teigtaschen zwischen Daumen und Zeigefinger zu einem kleinen Muster zusammengedrückt wird. Die entstehenden Falten heißen *plin*. Für die Füllung werden oft Reste vom sonntäglichen Braten und als Sugo restlicher Bratensaft verwendet. Die grünen *agnolotti verdi,* gefüllt mit dem Fondutakäse des Aostatals, der beim Teilen der Nudeltaschen sanft herausfließt, sind eine weitere Spezialität.

Auch zu den zarten *gnocchi,* den Kartoffelnockerln mit der gerillten Oberfläche, passen die schmackhaften piemontesischen *sughi* aus Bratensaft, Steinpilzen oder Gemüsen. Wer *Gnocchi al castelmagno* auf der Speisekarte entdeckt, sollte sie unbedingt bestellen – dieser rare, kostbare Käse als Füllung oder Sugo zu den *gnocchi* ist eine besondere Delikatesse.

Ligurien

Die lang gezogene, blütenreiche Küste Liguriens mit ihren günstigen klimatischen Bedingungen bietet eine große Vielfalt an bunten, aromatischen Gemüsen und stark duftenden Kräutern, Fischen und Meeresfrüchten. Sie bilden die Grundlage für die köstlichen *sughi* zu den verschiedensten Pastagerichten. Gerne werden hier kurze Nudeln, die *Paste corte,* verwendet. Fast immer ist ein Hauch Basilikum dabei, das viel stärker und intensiver duftet als bei uns. Und so ist auch das berühmteste Pastagericht Liguriens, die *Trenette al pesto,* reich an Basilikum: In einem Mörser werden Pinienkerne, Knoblauchzehen, frische Basilikumblätter sowie Stückchen von Parmesan- und Pecorinokäse mit dem sanften Olivenöl Liguriens zu einer cremigen Paste zerstampft. Die dazugehörigen *trenette* sind lange, spaghettiähnliche, aber flache Nudeln. Wenn der *pesto* auf den heißen *trenette* schmilzt, erleben Nase und Gaumen einen unvergesslichen Genuss. Beliebt ist *pesto* auch zu den kleinen festen ligurischen *trofie* aus Weizenmehl und Kleie oder auch aus Kastanienmehl.

Nur in Ligurien können Sie die zierlichen *pansoti* genießen, denn für die Füllung braucht man ein Gemisch aus wild wachsenden Kräutern, *pretoggio* genannt, die ausschließlich auf den einheimischen Märkten zu haben sind.

Weltberühmt sind die gefüllten Teigtaschen aus Genua, die *ravioli.* Die echten sind gefüllt mit einer üppigen Mischung aus Braten und Innereien vom Kalb, Eiern und vielen ligurischen Kräutern. Selten hat ein Gericht die Phantasie der Köche so angeregt. Immer neue Füllungen werden für die eckigen Teigtaschen kreiert, ob sie nun in Restaurants oder frisch in Delikatessengeschäften angeboten werden. Als *Pasta secca* in Packungen abgefüllt, sind *ravioli* nach meiner Erfahrung weniger zu empfehlen.

Mailand • Lombardei

Regionale Pastagerichte spielen in der lombardischen Küche kaum eine Rolle, der erste Gang ist hier fast immer ein Risotto. Kein Wunder, ist die Poebene doch Italiens größtes Anbaugebiet für Reis. Zwar kann man natürlich in den geschäftigen Städten, vor allem in Mailand, so gut wie jedes Pastagericht bestellen, aber man wird schwerlich ein typisch lombardisches finden.

Wird zu Hause Pasta gekocht, sind die kurzen, fabrikmäßig hergestellten Nudeln aus Hartweizengrieß am beliebtesten. Sie sind erstens besonders schnell zuzubereiten und zweitens leicht zu essen – im Gegensatz zu den südlichen Spaghetti, die man erst mühsam um die Gabel wickeln muss, was dort unten natürlich ein Teil des Genusses ist. In der Lombardei gilt die Devise: *Il tempo è denaro* – Zeit ist Geld. Für die Zubereitung der wenigen regionalen Nudelgerichte hingegen braucht man viel Zeit, sie kommen meistens nur an Festtagen auf den Tisch. Aus der Gegend von Mantua stammen die beliebten herbstlichen *Tortelli di zucca,* Teigtaschen in verschiedenen Formen, die eine ungewöhnlich süße Füllung aus Kürbis, Senffrüchten und Amaretti enthalten. Das fast mittelalterlich anmutende Rezept soll aus der Hofküche der Gonzaga-Herzöge in Mantua stammen. Das gilt auch für die hütchenförmigen *agnolini mantovani* mit ihrer Füllung aus geschmortem Rinderbraten oder Kapaun und geriebenem Grana Padano, die mit Zimt gewürzt wird. Und zu den runden *marubini* aus Cremona mit ihrer Füllung aus drei Fleischsorten und Grana Padano gehört noch ein opulentes *ragù* aus Hühnerleber, Hahnenkämmen, Pilzen und Wein, das sie zu einem Festtagsschmaus macht. Einfacher ist die Füllung der lustigen, höschenförmigen *casonsei* aus Bergamo, sie besteht aus Bratwurstfleisch, Semmelbröseln und geriebenem Grana Padano.

Die bäuerlichen *pizzoccheri* aus dem Veltlin sind Buchweizennudeln, die man zusammen mit Weißkohl kocht und mit viel Butter und geriebenem Käse zu einem herzhaften Gericht vermischt. Die lombardische Küche ist übrigens eine reine Butterküche – mit Olivenöl wird nur der Salat angemacht.

Venetien • Friaul • Trentino

In Venetien ist man, ebenso wie in der benachbarten Lombardei, mehr auf edle Risottogerichte als auf Pasta spezialisiert. Auch Polenta – ob in Scheiben oder in Form von *gnocchi* – bildet häufig den Beginn der Mahlzeit. Aber eine echte venezianische Nudelspezialität sind die *bigoli* – eine dicke Spaghettiart aus Vollkorn-, Buchweizen- oder Weizenmehl. Der feste Teig wurde früher – und ganz selten noch heute – durch eine Nudelpresse aus Holz, den *torchietto bigolaro*, gedrückt. Heute schneidet man ihn in feine Streifen oder kauft die *bigoli* als *Pasta secca* fertig im Laden. Das Beste an diesen Nudeln sind für meinen Geschmack die dazugehörigen *sughi*. Zu den *bigoli scuri* aus Vollkorn- oder Buchweizenmehl etwa serviert man einen pikanten Sugo aus einer Mischung der süßen, lange geschmorten Zwiebeln aus Venetien mit Sardellen, Olivenöl und Wein, der *salsa* genannt wird. An den Teig der hellen *bigoli* aus reinem Weizenmehl gehören eigentlich Enteneier, und man braucht eine ganze Ente, um den kostbaren, konzentrierten Sugo herzustellen. Das sind dann *Bigoli con salsa d'anatra*. Das pure Fleisch gibt es als zweiten Gang.

Die mit der Tinte des Tintenfisches hergestellten *bigoli neri* werden mit verschiedenen *sughi di mare* aus Meeresfrüchten serviert. Überhaupt ist es in Venedig und an der Küste Venetiens sehr beliebt, verschiedene Pastasorten auf diese natürliche Art schwarz zu färben. Dazu passt gut einer der zahlreichen *sughi,* die man hier so ausgezeichnet aus kleinen Fischen, Krusten- und Schaltieren zuzubereiten versteht. Auch *Pasta secca* gibt es immer häufiger als *nero di seppia* farbig zu kaufen. Eine rötliche Füllung aus Roter Bete und *ricotta* haben die gelblichen *casunzei ampezzani,* eine Raviolispezialität aus den Dolomiten.

Mit dem benachbarten Friaul teilen die Venezianer die Vorliebe für eine dicke Nudelsuppe, *Pasta e fagioli*: Die zarten braunen Borlottibohnen der Region werden zusammen mit Schweinsfüßen gekocht und zuletzt mit fertig gegarten *bigoli* oder kurzen Nudeln aus Hartweizengrieß vermischt.

Eine Reminiszenz an die Donaumonarchie sind die friulanischen *cjalzons* – runde Teigtaschen mit einer abenteuerlich süßen Füllung aus Rosinen, Trockenfrüchten, frischen Früchten, Schokolade, *ricotta,* Birnenschnaps und Zimt. Sie werden mit geriebenem Käse, zerlassener Butter und Mohn serviert. Ich würde die *cjalzons* zu den Desserts zählen. Eine einfachere Variante stellen die *Tagliatelle ai semi di papavero* dar, Eierbandnudeln, die man mit Butter, Zucker und Mohn vermischt.

Auch im Trentino und in Südtirol gelten die süßen *Gnocchi di prugne* (Zwetschgenknödel) als Pasta, ebenso wie die kleinen *canederli,* Knödel aus Semmeln oder Kartoffeln. Landestypisch sind die *strangolapreti* – auch *gnocchi verdi alla trentina* genannt. Es sind kleine Nockerln aus Weißbrot, Milch, Ei und püriertem Spinat, die mit geriebenem Parmesankäse bestreut und mit in zerlassener Butter geschwenkten Salbeiblättern gewürzt werden.

Bologna • Emilia-Romagna

Die Emilia-Romagna mit ihrer Hauptstadt Bologna ist die Hochburg der italienischen Nudelkunst, vor allem der hausgemachten *Pasta fresca all'uovo*. Sowohl in Restaurants als auch im privaten Haushalt wird hier noch häufig ohne Hilfe einer Nudelmaschine der dottergelbe und manchmal auch spinatgrüne Nudelteig mit dem *mattarello,* dem typischen langen Nudelholz, hauchdünn ausgerollt und zu *tagliatelle, tagliolini* oder *lasagne* geschnitten.

Eine besonders hübsch geformte Nudelspezialität der Romagna sind die *garganelli* aus Imola, für die viereckige Stücke von dünn ausgerollter *Pasta fresca* diagonal über einen Kochlöffelstiel zu zarten Röhrchen geformt werden.

Zu den grünen Nudeln, den *tagliatelle verdi,* schmeckt natürlich am besten eine echte *salsa bolognese* – ein lange geschmortes, sehr reichhaltiges und gut gewürztes Fleischragout. Eine etwas weniger üppige Bologneser Sauce wird schichtweise zwischen die weißen oder grünen Teigblätter der *lasagne* gefüllt, die man dann überbäckt. Die feinen, leichten *tagliatelle* lassen sich ebenso wie die *garganelli* mit fast allen edlen *sughi* kombinieren, egal ob sie Flusskrebse, Jakobsmuscheln, Meeresfrüchte, Geflügel, Spargel oder Morcheln enthalten. Gern werden sie auch mit den ausgezeichneten Käsesorten der Emilia-Romagna vermischt. Sogar Kaviar bestellen sich manche anspruchsvollen Feinschmecker dazu.

Die Emilia ist übrigens die einzige Region Italiens, in der beim Kochen auch häufig Sahne verwendet und mehr Butter als Olivenöl verbraucht wird.

Die wahre Kunst der Pastaherstellung beginnt aber erst bei den gefüllten Teigwaren. Als Glanzstück emilianischer Pastaküche gelten die zierlichen *tortellini,* deren Originalrezept – als einziges Pastarezept – gesetzlich geschützt ist. Man braucht viel Übung und geschickte Hände, um die opulente Füllung – an Feiertagen oft aus Kapaun – so in den kleinen ringförmigen Teigtaschen unterzubringen, dass beim Garen in der Fleischbrühe nichts herausquillt. Es heißt, die *tortellini* müssen so klein sein, dass 15 von ihnen auf einen Suppenlöffel passen.

Die hütchenförmigen *capelletti* aus der Romagna sind größer, und ihre Füllung ist bescheidener. Jede Gegend, ja jede Stadt der Emilia Romagna hat ihr eigenes Rezept für die Füllung der zahlreichen runden, viereckigen, dreieckigen oder halbmondförmigen Teigtaschen, der *agnolini, cappellacci* oder *tortelloni,* und diese Unterschiede werden sehr genau genommen.

Wenn Sie auf der Speisekarte den Zusatz *di magro* lesen, handelt es sich immer um eine fleischlose Füllung, etwa aus mildem Ricotta, Mascarpone oder entsprechenden regionalen Käsesorten, aus Parmesan und vielen Kräutern.

Wahre Kalorienbomben sind die Nudelpasteten, *pasticcio* oder *timballo* genannt. Es sind regelrechte Torten aus Mürbeteig mit einer Füllung aus *Pasta ripiena* – dazwischen ein Bologneser *ragù,* vielleicht auch noch ein paar Trüffel. Sie werden warm serviert und sind in ihrer Üppigkeit ein Hauptgericht.

Toskana, Umbrien und Marken

Die wunderschöne, viel besungene Toskana ist nicht gerade eine Fundgrube für Pastaliebhaber. Man verwendet das gute Weizenmehl der Region lieber zum Backen von Landbrot, und statt Nudeln werden als *primo piatto* eher reichhaltige Suppen gegessen. Die einzige berühmte Pastasorte der Toskana, in ganz

Italien beliebt, heißt *pappardelle* – das sind ungewöhnlich breite Bandnudeln, die oft auf der einen oder auf beiden Seiten einen gewellten Rand haben. Das klassische Rezept ist *pappardelle alla lepre* – mit einem würzigen Hasenragout vermischt. Aber auch andere Wildarten und die vielen Pilze aus den bewaldeten Hügeln der Toskana eignen sich als delikate Grundlage zu den *pappardelle*.

Rustikal sind die *pinci* aus Siena – kernige Bandnudeln aus Hartweizengrieß und Wasser – manchmal auch aus Kastanienmehl, die man gerne mit einem *ragù* aus Wildschwein, Kaninchen oder Hühnerfleisch kombiniert oder auch nur mit in Olivenöl gebräunten Semmelbröseln vermischt. A propos – wenn Sie in der Toskana ein Pastagericht bestellen, lassen Sie sich bei Tisch etwas rohes heimisches Olivenöl *extra vergine* darüber träufeln, das erhöht den Genuss.

Das gilt auch für das benachbarte Umbrien, das ebenso köstliche Olivenöle zu bieten hat. Die toskanischen *pinci* heißen hier *umbricelli* – dazu gibt es einen kräftigen Tomatensugo oder die verschiedensten *sughi* aus Meeresfrüchten. Was die umbrische Küche – auch die Pastaküche – der toskanischen voraus hat, sind die schwarzen Trüffeln aus Norcia. Sie wachsen dort, weniger versteckt als die weißen im Piemont, in größeren Mengen und haben eine längere Saison. Hinzu kommt, dass sie im Gegensatz zu den empfindlichen weißen Trüffeln kochfest und auch konservierbar sind und preiswerter obendrein. So zeichnen sich in Umbrien fast das ganze Jahr über viele Füllungen und *sughi* für Nudelgerichte durch den unverwechselbaren aromatischen Trüffelgeschmack aus.

In den Marken liebt man eine herzhafte bäuerliche Küche. Die regionale Nudelspezialität sind hier die *strangozzi* – sie werden aus dem gleichen Teig wie *pinci* und *umbricelli* hergestellt und auch häufig mit der Tinte des Tintenfisches in *strangozzi neri* verwandelt. Beliebt sind hier vor allem *sughi* aus allerlei Meeresfrüchten. Ein Festtagsrezept aus den Marken wird in ganz Italien gern gegessen: *vincisgrassi*. Das ist ein üppiges überbackenes Gericht aus Nudelblättern mit einer Füllung aus den edelsten Zutaten der reizvollen Region. Nach einem Rezept sind es zum Beispiel Hühnerbrust und Hühnerklein, Kalbsbries und Kalbshirn, Schinkenspeck, Pilze und etwas Gemüse.

Rom • Latium • Abruzzen

Die echte *cucina romana* gibt es nicht. Fast alle Gerichte, die die Römer besonders lieben, stammen aus den Abruzzen, und das sind meist herzhafte, bäuerliche Speisen.

So sind auch die Pastagerichte, wobei *spaghetti* und *rigatoni* die Hauptrolle spielen. Ganz rustikal sind zum Beispiel die *Spaghetti al cacio e pepe*: Die heißen Spaghetti werden lediglich mit viel geriebenem Pecorino und frisch gemahlenem Pfeffer vermischt – ein stärkendes Labsal für die Römer, wenn sie von einem anstrengenden Tag nach Hause kommen. Etwas üppiger sind die *Spaghetti con aglio, olio e acciughe* angemacht: mit Knoblauch, einem guten Olivenöl *extra vergine* (vielleicht aus den Sabiner Bergen), mit fein gehackten Sardellen und Petersilie.

In den Abruzzen mischt man Streifen von kleinen scharfen Pfefferschoten statt der Sardellen unter die Nudeln – eine wahrhaft teuflische Mischung, die gewöhnungsbedürftig ist. Aus dem kleinen Städtchen Amatricia in den Abruzzen stammt das Rezept für *Bucatini all'amatriciana*. Der Sugo aus geräucherter Schweinebacke, Tomaten und *peperoncini* sollte unbedingt mit *bucatini* und keiner anderen Pasta vermischt werden.

Die kurzen, dicken *rigatoni* sind unerlässliche Begleiter der samstäglichen *pajata*, einem *ragù* aus Kalbs- oder Rindergekröse mit frischer Minze gewürzt, das in Rom in den Trattorien um den Schlachthof besonders gut gekocht wird.

Giovedì gnocchi – Donnerstag ist Gnocchitag, heißt es in Rom. Die echten *Gnocchi alla romana*, dicke Scheiben aus einer Milch-Grieß-Masse mit Eigelb vermischt, werden mit Pecorino- oder Parmesankäse bestreut, im Ofen überbacken und von einem herzhaften Tomatensugo begleitet.

Aber es gibt in Rom noch eine ganz noble Nudelsorte, die sogar häufig hausgemacht wird, die *fettuccine*. Sie schmecken am feinsten, wenn man sie nur gründlich in zerlassener Butter und frisch geriebenem Parmesankäse auf einer heißen Platte durchschwenkt. Aber auch mit edlen *condimenti* wie grünen Spargelspitzen, Morcheln, jungen Erbsen, Schinken, Lachs oder frischen Scampi sind die *fettuccine* ein Genuss.

Die *maccheroni alla chitarra* gehören wieder zu den echten abruzzesischen Pastaspezialitäten. Der Teig aus Hartweizengrieß und Eiern wird durch die gespannten Drähte eines gitarrenähnlichen Instrumentes gedrückt, daher der Name. Zu den Nudeln gibt es ein kräftig gewürztes Lamm- oder Schweineragout mit Paprikaschoten. Und wie bei fast allen Pastagerichten in Latium und den Abruzzen (außer den *fettuccine*) wird statt Parmesan kräftiger Pecorino aus Schafsmilch darüber gerieben.

Neapel und Kampanien

Kampanien – hier beginnt der Mezzogiorno, der Süden Italiens. Vor 50, 60 Jahren, als es am Golf von Neapel noch viele kleine Nudelfabriken gab, hingen überall im Freien lange Nudeln über aufgespannten Schnüren, um in Sonne und Meereswind zu trocknen. Und auf den Straßen standen die Verkäufer mit ihren kleinen Wagen und boten frisch gekochte Spaghetti an. Man nahm sie zwischen die Finger und ließ sie genüsslich in den Mund gleiten – ein italienisches Fastfood, dem die Pizza in Neapel inzwischen den Rang abgelaufen hat. Allerdings werden im Süden alle Spaghettisorten *maccheroni* genannt, ob es nun – je nach Länge und Dicke – *bucatini, fusilli, linguine, perciatelli* oder *vermicelli* sind.

Fast immer werden sie hier vom leuchtenden Rot eines samtigen Tomatensugo begleitet. Kein Wunder, wachsen doch in Kampanien, in San Marzano am Fuße des Vesuvs, die aromatischen länglichen Perinitomaten, deren Fruchtfleisch keine Kerne enthält. Außerhalb der Saison greifen Koch und Köchin auf *sughi* aus selbst eingekochten Tomaten oder aus Dosentomaten zurück – aus San Marzano natürlich. Für die Zubereitung dieser *sughi* ist ein gutes Olivenöl unerlässlich. Vor allem von den schönen Olivenheinen der Halbinsel Sorrent stammen leichte, nach Zitronen und wilden Mittelmeerkräutern duftende Olivenöle, die noch viel zu wenig bekannt sind. Zu einem idealen Dreiklang fehlt dann nur noch das im Süden besonders intensiv duftende Basilikum (im Winter nimmt man Oregano) – und schon ist eines der köstlichen, schnell zubereiteten Nudelgerichte Kampaniens fertig, die *Maccheroni sciuè-sciuè*. Ich habe Ihnen dieses Rezept auf Seite 169 aufgeschrieben. Natürlich gibt es unendlich viele Varianten dieses Gerichts – etwa mit Knoblauch, Kapern, Oliven, Paprikaschoten und mit dem herrlichen frischen Mozzarella – alles sommerlich leichte, preiswerte Genüsse *alla napoletana*.

An der langen, landschaftlich reizvollen Küste von Gaeta bis Salerno werden die schmackhaften Meerestiere gefischt, die fangfrisch auf die Märkte kommen. Als beste gelten die herzförmigen Venusmuscheln, die *vongole veraci*, die nur so bezeichnet werden dürfen, wenn sie aus dem Golf von Neapel oder von der sorrentinischen Küste stammen. Noch aus den kleinsten Meeresfrüchten bereitet man hier delikate *sughi* zu, die man übrigens im Gegensatz zu allen anderen ohne Käse serviert.

Fleisch spielt als Beigabe zur Pasta in der neapolitanischen Küche nur eine geringe Rolle. Lediglich zu Weihnachten oder zu anderen Festtagen kommt ein reichhaltiges Fleischragout auf den Tisch – das *ragù alla napoletana* mit dem Fleisch von einem ganzen Rinder- oder Schweinebraten. Mit vielerlei Zutaten wird es bei leichter Hitze stundenlang geschmort.

Hausgemachte Nudelspezialitäten kennt die neapolitanische Küche kaum. Die *gnocchi strangolapreti* bestehen aus einem einfachen Mehl-Kartoffel-Teig, zu dem vielerlei *sughi* passen, und *Ravioli alla caprese* sind runde gefüllte Teigplätzchen mit Mozzarella und Kräutern gefüllt.

Apulien • Basilikata • Kalabrien

Unter der brennenden Sonne Apuliens im tiefsten Süden wächst auf den endlosen Kornfeldern der begehrteste Hartweizen Italiens, der goldgelbe *grano duro,* aus dem in den Nudelfabriken die *Pasta secca* hergestellt wird – von den langen *spaghetti* bis zu den kurzen *penne.* Unter dieser starken Sonne gedeihen auf dem kargen Boden auch ungewöhnlich aromatische Gemüse: kleine süße Tomaten, zart bittere Zwiebeln, würzige Zichorien, wilder Spargel, herzhafte Brokkoli, süße und scharfe Pfefferschoten, die Rauke mit ihrem leichten Nussgeschmack, große Kapern, Oliven und eine Fülle wild wachsender, intensiv duftender Kräuter. Aus dieser Vielfalt, aber auch unter den zahlreichen frischen Fischen und Meerestieren wählt man die Zutaten für die *sughi* aus, deren Wohlgeschmack erst dann richtig zur Geltung kommt, wenn sie mit dem fruchtigen apulischen Olivenöl zubereitet werden.

Die bekannteste und in ganz Italien beliebte apulische Pastasorte sind die hütchenförmigen *orecchiette* aus einer Mischung von Hartweizengrieß, Weizenmehl und Wasser. Aus dem gleichen festen Teig werden auch die kleinen länglichen *cavatieddi* geformt, die mit der Rille in der Mitte kleinen Muscheln ähneln. Diese apulischen Spezialitäten gehören zu den wenigen Nudelarten ohne Eizugabe, die noch hausgemacht werden. Man kann sie häufig auf Brettern ausgebreitet zum Trocknen in der Sonne liegen sehen. Aber natürlich werden sie heute weitgehend in Fabriken hergestellt.

Auch wenn die benachbarte Basilikata und Kalabrien ärmer sind als Apulien, schmecken die Pastagerichte mit den bunten, herzhaften Gemüse-*sughi* dort genauso gut. Hausgemacht werden hier noch die um Metallstäbe gewickelten, geringelten *fusilli* und die spiralenförmigen *ricci di donna* – Damenlocken –, besonders anmutige Nudelformen, die auch das Auge erfreuen. Und die vorzüglichen saftigen Käsesorten wie *ricotta, mozzarella* oder *provola,* die es hier in seltener Frische gibt, runden die regionalen Pastagerichte häufig auf das Angenehmste ab.

Sizilien

Die Insel, auf der die Pasta geboren wurde, gilt noch heute, wie in antiken Zeiten, als Kornkammer Italiens. Ein Ruhm, den sie sich inzwischen allerdings mit Apulien und der Basilikata teilen muss. Nur hier im tiefen Süden Italiens ist die Sonne stark genug, um den kostbaren *grano duro,* den Hartweizen, reifen zu lassen, der für die fabrikmäßige Herstellung der *Pasta secca* unentbehrlich ist. Die Sizilianer sind große Pastaesser – am liebsten mögen sie Makkaroni und Spaghetti – da können nur noch die Neapolitaner mithalten. Aber für die *sughi* haben die Sizilianer ihre eigenen Rezepte. Die verschiedenen Völker, die jahrhundertelang die Insel besetzt hielten, haben auch in der Küche ihre Spuren hinterlassen. Vor allem die Araber. Sie brachten nicht nur die tiefvioletten Auberginen auf die Insel, sondern auch fremde Gewürze wie Safran und Zimt sowie die Eigenart, Süß und Salzig miteinander zu mischen. Bestes Beispiel ist das Leibgericht der Sizilianer, die *Pasta con le sarde* – eine sehr üppige Mischung aus *bucatini* (einer Makkaroniart), eingelegten Sardinen, frischen Sardinen, Rosinen, Pinienkernen, Safran, Olivenöl und wildem Bergfenchel.

Überhaupt gehören die kleinen silbrig-glänzenden Sardinen, die fangfrisch in großen Mengen auf den pittoresken Fischmärkten angeboten werden, zu den beliebtesten Pastabeilagen – auch in Salz oder Öl eingelegt. Außerdem sorgen die riesigen Thunfische mit dem rötlichen Fleisch und die schlanken Schwertfische, die in der Saison in riesigen Schwärmen eingefangen werden, frisch oder konserviert, neben kleinem Meeresgetier für maritime Abwechslung auf der sizilianischen Speisekarte.

Mit Fenchel gewürzte Bratwürste, Pilze, Zucchini, Auberginen, bunte Paprikaschoten, grüne und schwarze Oliven und natürlich die saftigsten, sonnengereiften Tomaten sind Zutaten für typisch sizilianische *sughi*. Gern vermischt man auch nur in Olivenöl geröstete Brotwürfel mit den Nudeln, ein dank des kräftig-fruchtigen Öls sehr aromatisches Gericht.

Sardinien

Die echte sardische Küche wird auch heute noch von Hirten, Bauern und Fischern geprägt. Das traditionelle Pastagericht – *is malloreddus* – sind mit Safran gefärbte, kleine feste *gnocchi*, die mit einem kräftigen Sugo aus Tomaten, heimischer Wurst, Wild, Geflügel oder Pilzen genossen werden.

Culligones, die sardischen Ravioli, haben häufig eine herzhafte Füllung aus frischem Ziegen- oder Schafskäse, die durch die Hinzugabe wild wachsender, stark aromatischer Inselkräuter eine einmalige Note erhält. Zum Abrunden der Pastagerichte eignet sich der sardische Pecorino aus Schafsmilch vorzüglich.

Der Reichtum an Fischen und Meeresfrüchten wird mit Spaghetti oder anderen klassichen Pastasorten aus Hartweizengrieß kombiniert. Ein ehemals sardischer Fischerproviant, die *bottarga* – luftgetrockneter, gepresster Rogen von Thunfisch oder Meeräsche – ist heute teurer als Kaviar. Er wird in dünne Scheiben geschnitten oder gehackt mit in heimischem Olivenöl geschwenkter Pasta vermischt. Ein hoch geschätztes Luxusgericht des modernen Sardinien.

Pasta secca

Die unendliche Vielfalt der *Pasta secca*

Es gibt in Italien über 200 verschiedene Sorten *Pasta secca* – fabrikmäßig hergestellte Teigwaren aus Hartweizengrieß –, und da fast jede Region für die gleiche Nudelform einen anderen Namen hat, würde ein vollständiges Register mindestens 600 verschiedene Pasta-Bezeichnungen enthalten.

Welch überwältigende Fülle von kurzen und langen, dicken und dünnen, runden, eckigen und gewellten Nudeln! Und all diese Formen und Größen haben einen Sinn, nämlich die Aufgabe, bestimmte *sughi* besser aufzunehmen und geschmacklich zur Geltung zu bringen oder auch einfach das Auge zu erfreuen. Die phantasievollen, genussfreudigen Italiener erfinden vor allem für die *Pasta corta* immer neue Varianten.

Die großen Hersteller setzen berühmte Designer ein, wenn es gilt, neue Nudelarten auf den Markt zu bringen. Tatsächlich scheint der gleiche Teig in anderer Form auch anders zu schmecken. Weshalb sonst sollten die Neapolitaner ihren Sugo aus Meeresfrüchten ausschließlich mit *vermicelli* essen, obwohl diese Nudeln nur eine Spur dünner als Spaghetti sind? Aus welchem Grund mischen wohl die Ligurier ihren *pesto* nur unter *trenette*, die flacheren Spaghetti gleichen? Und warum behaupten die Römer, die geliebte derbe Tomatensauce *all'amatriciana* passe besser zu *bucatini* als zu Spaghetti, wenn sich doch beide Nudelarten nur in der Länge unterscheiden? Auch mir schmeckt der pfeffrige *Sugo all'arrabbiata* ungleich besser, wenn er mit den schräg geschnittenen *penne* vermischt wird und nicht mit irgendeiner anderen Pastasorte. Ich wage jedenfalls nicht zu entscheiden, was in dieser fest gefügten italienischen Nudelphilosophie Tatsache und was Gewohnheit oder Einbildung ist.

Die ersten kleinen Nudelhersteller gab es schon vor über 200 Jahren am Golf von Neapel. Es waren alles Familienbetriebe. Die Spaghetti wurden auf Wäscheleinen zum Trocknen aufgehängt – unter der glühenden Sonne am Fuße des Vesuvs.

Die fabrikmäßige Herstellung der Pasta secca

Die Güte der *Pasta secca* hängt nicht nur von der Qualität des verarbeiteten *grano duro*, des Hartweizengrießes, ab, sondern auch von der des Wassers. Ein Gesetz gilt dabei für alle Nudelfabrikanten gleichermaßen, ob Großproduzent oder Kleinbetrieb: *Pasta secca* aus reinem Hartweizengrieß darf nur mit einem bestimmten Wasseranteil (12,5 %) hergestellt werden. Jeder weitere Zusatz ist verboten. Außerdem darf der in den Mühlen zu mehr oder weniger feinem Grieß vermahlene Hartweizen nicht mehr als zwei Prozent Mehlstaub enthalten, denn ein größerer Mehlanteil würde die erwünschte Elastizität und Bissfestigkeit der gekochten Pasta beeinträchtigen. Die Qualitätskontrollen in Italien sind besonders streng

Die Herstellung der Pasta in der Fabrik entspricht gleichsam in vergrößertem Maßstab der Herstellung des Nudelteigs im Haushalt. In den Fabriken wird das Grießmehl mit dem Wasser in großen Teigbottichen mit Hilfe einer gewaltigen Knetmaschine zu einem dicken, formbaren Teig vermischt. Diesen presst man dann in Nudelformmaschinen, die, ähnlich wie die kleinen Pastamaschinen im Haushalt, verschieden breite, runde oder eckige Düsenscheiben als Vorsatz haben.

Auf diese Weise entstehen so unterschiedliche Nudelsorten wie lange *spaghetti*, kurze *penne* oder anmutige *farfalle*. Damit die noch feuchten Nudeln ihre Form behalten, werden sie auf ein rollendes Trockenblech gelegt – lange Pasta hängt man über Gestelle – und acht Stunden lang auf dem Förderband durch verschieden temperierte Trockenmaschinen geschleust. Es ist ein hübsches Bild, wenn man durch die eingebauten Glasfenster der Maschine die endlosen Reihen aufgehängter Spaghetti vorüberschweben sieht. Von Menschenhand unberührt wandert die nunmehr trockene Ware in die Verpackung. Gute *Pasta secca* erkennt man an ihrem angenehm frischen Geruch und ihrer schönen hellgelben Farbe, die einzig von dem verwendeten Hartweizen herrührt.

Nicht nur die Formen unterscheiden sich – auch die Qualität der Pasta secca variiert

Obwohl wie gesagt das Reinheitsgebot für die Herstellung der italienischen *Pasta secca* Gesetz ist und keinerlei Zusatzstoffe erlaubt sind, ist die Qualität der auf dem Markt befindlichen Trockennudeln sehr unterschiedlich – ein wahrer *pastasciuttaio* (Pastafan) wird das schnell herausfinden. Woran liegt´s? Einmal an der Sonne, denn je stärker sie den goldfarbenen Hartweizen bescheint, desto besser sind Geschmack und Farbe der Körner. Der Süden Italiens, der sonnendurchglühte Mezzogiorno, ist daher von Kampanien bis Sizilien das ideale Anbaugebiet. In den letzten Jahren wird auch der Hartwei zengrieß aus Kanada immer mehr geschätzt, er enthält einen besonders hohen Anteil an Gluten.

Eine ebenso wichtige Rolle wie die Herkunft des Korns spielt das Wasser, das zum Anmachen des Nudelteigs verwendet wird. Es soll kalkarm und von mittlerer Härte sein, einen geringen Anteil an Magnesium und Natrium enthalten und eventuell eine winzige Spur Eisen. Die Beschaffenheit des Wassers allein kann ausschlaggebend für den Geschmack der Pasta sein. Im Golf von Neapel, wo es noch wenige kleine Produzenten gibt, die *Pasta secca* von höchster Qualität herstellen, hat fast jeder eine Quelle oder ein Flüsschen in der Nähe, die ihm reines Wasser liefern.

Schließlich kommt es auch noch auf die ideale Trockenzeit für die geformten, noch feuchten Teigwaren an. In den großen Fabriken werden die Nudeln in wenigen Stunden bei starker Wärme getrocknet und verpackt, während man sie in den kleinen Meisterbetrieben wie in alten Zeiten bei niedriger Temperatur ganz langsam und geschmackserhaltend trocknen lässt. Schon wenn man diese fast durchsichtigen Nudeln aus der Packung nimmt, fällt der angenehme, frische Duft nach Getreide auf.

Es lohnt sich also, die verschiedenen italienischen Nudel-marken, die in den Geschäften in großer Fülle angeboten werden, sorgfältig zu vergleichen und nacheinander zu verkosten. Natürlich gibt es auch erhebliche Preisunterschiede, aber elegante Nudelpackungen mit Schleifchen und Golddruck sind noch keine Garantie für den Inhalt. Da hilft wirklich nur zu probieren, bis man die richtige Pastamarke gefunden hat.

Acht goldene Regeln
für das Kochen fabrikmäßig hergestellter Pasta aus Hartweizengrieß

1. Unerlässlich ist ein großer breitwandiger oder ein sehr dickbauchiger Kochtopf mit Deckel. Zum Kochen von je 100 g Teigwaren braucht man 1 l Wasser. Mindestens eine Handbreit Raum muss im Kochtopf frei bleiben.

2. Erst wenn das Wasser sprudelnd kocht, wird das Salz hinzugefügt. Grobkörniges Salz, am besten Meersalz, ist besonders geeignet. Trotz aller Gegenbehauptungen: Öl kommt nicht in das Kochwasser von *Pasta secca*. Beim erneuten Aufkochen des Wassers die Pasta möglichst auf einmal in den Topf geben. Spaghetti oder andere lange Pastasorten fasst man als lockeres Bündel zusammen und taucht sie so weit wie möglich in das kochende Wasser. Sobald das untere Ende weich zu werden beginnt, wird der noch trockene Rest der Nudeln nachgeschoben. Sofort mit einer hölzernen Gabel oder mit einem Kochlöffel umrühren, damit die Teigwaren nicht aneinander kleben oder am Topfboden haften bleiben.

3. Den Deckel auf den Topf geben, damit das Wasser wieder zu kochen beginnt. Anschließend offen oder nur zum Teil bedeckt ständig bei mittlerer Hitze leicht sprudelnd kochen lassen – das Wasser darf keinesfalls aufhören zu kochen. Hin und wieder mit dem Holzlöffel umrühren.

4. Kurz vor Ende der auf der Packung angegebenen Garzeit eine Probenudel entnehmen und prüfen, ob sie *al dente* ist.

5. Ist die Pasta *al dente* – also bissfest mit einem kleinen festen Kern – sofort in einen Durch-schlag schütten und gut abtropfen lassen.

6. Rasch in den heißen Sugo geben und vorsichtig 2 bis 3 Minuten miteinander vermischen.

7. Zum Schluss die Hälfte des frisch geriebenen Parmesans hinzufügen. Ein Esslöffel kaltes, edles Olivenöl *extra vergine* oder ein Stückchen frische Butter sind für fast jedes Pastagericht eine Geschmacksabrundung.

8. Rasch auf vorgewärmte Teller oder in eine vorgewärmte Schüssel geben und auftragen. Den restlichen geriebenen Käse streut jeder selbst über seine Pasta.

Pasta secca lunga

Pasta secca lunga
Lange Nudeln aus Hartweizengrieß

Die Neapolitaner werden von ihren Landsleuten wegen ihrer Vorliebe für die langen Nudeln gerne *mangiamaccheroni* – Makkaroni-Esser – genannt. Wer jedoch den einheimischen Pastaessern rund um den Golf von Neapel dabei über die Schulter sieht, wird feststellen, dass sie meistens die dünnen geschmeidigen Spaghetti um ihre Gabeln wickeln und nicht die dicken *maccheroni*. Makkaroni werden vor dem Kochen häufig in mundgerechte Stücke gebrochen und nehmen durch ihre hohle Form angenehm viel von den fruchtigen Tomaten-*sughi* des Mezzogiorno auf. In voller Länge werden die Makkaroni überwiegend für überbackene Gerichte verwendet. Die vier bekanntesten Sorten heißen *bucatini, candele, perciatelli* und *zite*.

Die Bezeichnungen für die immer kompakten Spaghetti hingegen sind Legion. Einige große Nudelfabrikanten sind deshalb dazu übergegangen, ihre verschieden dicken Spaghetti – denn nur der Umfang unterscheidet sie voneinander – einfach von 1 bis 12 durchzunummerieren. Allerdings ist diese Kennzeichnung nach Ziffern in keinem Kochbuch zu finden und auch auf keiner vernünftigen Speisekarte. Sie werden sich also die Namen Ihrer Lieblingsspaghetti merken müssen, die ja auch ohnehin viel klangvoller als Zahlen sind. Die populärsten finden Sie auf den nächsten Seiten.

Zur Gruppe der *Pasta secca lunga* gehören auch die langen, flachen Bandnudeln in verschiedenen Breiten. Sie werden fabrikmäßig meistens aus Hartweizengrieß und Wasser oder aus Vollkornmehl und Wasser hergestellt, während man die klassischen Eierbandnudeln, die *fettuccine, tagliatelle* oder *pappardelle* – vor allem in der Emilia – noch häufig zu Hause macht.

Die fabrikmäßig hergestellten Nudeln sind vor allem in der Regionalküche sehr beliebt. Sie lassen sich, je nach Jahreszeit, mit einem herzhaften Sugo aus frischem Gemüse, Pilzen, Tomaten, Kräutern, kleinen Meeresfrüchten, örtlichem Käse und Kräutern zu immer neuen Pastagerichten kombinieren. Aber die Industrie hat den Sektor Eierbandnudeln ebenfalls längst für sich entdeckt und bietet sie zunehmend in guter Qualität an.

Übrigens wird das Wort *maccheroni* in ganz Italien nach wie vor als volkstümlicher Sammelbegriff für alle Nudelsorten verwendet. Der berühmte Garibaldi, der im 19. Jahrhundert für die italienische Einigung gekämpft hat, soll einmal gesagt haben: Nicht ich war es. Es waren die *maccheroni,* die Italien schließlich geeint haben.

Capelli d'angelo • Capelvenere • Fideli

Besonders zarte, dünne Spaghetti
aus Hartweizengrieß und Wasser

Durchmesser: 1–1,2 mm
Länge: 25 cm
Kochzeit al dente: 2–4 Minuten
Ursprungsregion: Latium

Die *capelli d'angelo* (auf deutsch Engelshaar) und die *capelvenere* (auf deutsch Haare der Venus), die dünnsten Spaghetti überhaupt, sind so zart und zerbrechlich, dass sie zu kleinen Nestern geformt werden, bevor sie in die Verpackung kommen. Dann heißen sie *nidi d'angelo* und *nidi di capelvenere*. Nur um Millimeterbreite dicker sind die *fidelini*. Sie schmecken besonders gut nur in Butter oder Sahne und Parmesan geschwenkt, aber auch ein nobler Sugo aus Edelfisch, kleinen Erbsen oder Spargelspitzen ist zu empfehlen.

Spaghettini • Vermicellini

Dünne Spaghetti
aus Hartweizengrieß und Wasser

Durchmesser: 1,3–1,5 mm
Länge: 25 cm
Kochzeit al dente: 5–6 Minuten
Ursprungsregion: Neapel, Süditalien

Die dünneren Brüder der Spaghetti passen besonders gut zu zierlichen Meeresfrüchten, kleinen Muscheln, Garnelen, kleinen Tintenfischen und daraus zubereiteten *sughi*. Geriebener Käse würde zu dieser Spaghettisorte in Kombination mit den vielen Meerestieren als Geschmacksträger nicht passen.

Fusilli a spirale lunghi

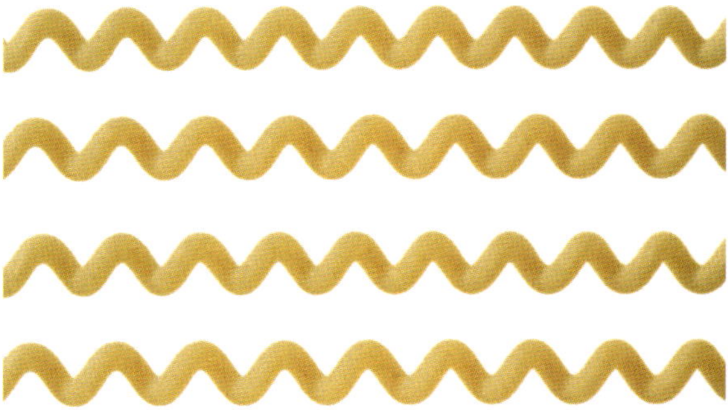

Korkenzieherartig gedrehte, mitteldicke Spaghetti aus Hartweizengrieß und Wasser

Durchmesser: 1,7 mm
Länge: unterschiedlich
Kochzeit al dente: 9–13 Minuten
Ursprungsregion: Kampanien, Kalabrien

Die dekorativen *fusilli* sehen besonders hübsch aus, wenn sie mit den farbigen *sughi* der neapolitanischen Küche vermischt werden – *sughi* aus reifen Tomaten, Auberginen, Oliven, bunten Paprikaschoten, Brokkoli und Scheibchen von Mozzarella. *Fusilli* gibt es in den verschiedensten Längen.

Rezept für Fusilli alla vesuviana siehe Seite 166.

Spaghetti • Ristoranti

Mitteldicke Spaghetti aus Hartweizengrieß und Wasser

Durchmesser: 1,8–2 mm
Länge: 25 cm–1 m
Kochzeit al dente: 7–9 Minuten
Ursprungsregion: Neapel, Kampanien

Dies sind die Maße der Urspaghetti schlechthin. Sie haben im offiziellen Spaghettiverzeichnis die Nr. 5. Und der ideale Sugo dazu besteht natürlich aus Tomaten. Aber Spaghetti haben außerdem den Vorteil, dass sie sich eigentlich mit allen *sughi* der italienischen Küche mischen lassen, ob einfach mit Olivenöl, Knoblauch, Sardellen und Pfeffer oder üppiger mit einem Fleischragout. Daher auch ihr Zweitname: *ristoranti*.

Rezept für Spaghetti con aglio, olio e peperoncini siehe Seite 168, für Spaghetti sciuè-sciuè siehe Seite 169.

Vermicelli

Mitteldicke Spaghetti aus Hartweizengrieß und Wasser

Durchmesser: 1,7–1,8 mm
Länge: 25 cm
Kochzeit al dente: 7–8 Minuten
Ursprungsregion: Neapel, Süditalien

Trotz des nur geringfügigen Größenunterschiedes zwischen *vermicelli* und *spaghetti* werden in Neapel und in den Restaurants am Meer die edlen *vongole,* die Venusmuscheln, mit *vermicelli* serviert, während die *cozze,* die Miesmuscheln, unter *spaghetti* gemischt werden. Nur ein Beispiel aus dem italienischen Pasta-knigge. In Ligurien heißen die *vermicelli* übrigens *fide*.

Rezept für Vermicelli alle vongole veraci in rosso siehe Seite 170.

Spaghettoni • Vermicelloni

Dickere Spaghetti aus
Hartweizengrieß und Wasser

Durchmesser: 2–2,2 mm
Länge: 25 cm
Kochzeit al dente: 10–12 Minuten
Ursprungsregion: Neapel, Süditalien

Zu den dicksten unter den 12 klassischen Spaghettisorten – danach fangen die Makkaroni an – gibt es meist den geliebten Tomatensugo in vielen Variationen. Sie werden aber auch mit Oliven, Speck, Käse oder buntem Gemüse vermischt.

Bigoli scuri • Bigoli

Spaghettiähnlich geschnittene Nudeln aus Weizenvollkornmehl oder Buchweizenmehl, gegebenenfalls etwas Kleie und Wasser sowie geringer Eizugabe

Durchmesser: 1,5 mm
Länge: 25 mm
Kochzeit al dente: 8–10 Minuten
Ursprungsregion: Venetien, Mantua

Bigoli gehören zu den ältesten Pastasorten Italiens. Sie wurden früher mit einer Spezialpresse hausgemacht, werden aber heute vor allem fabrikmäßig hergestellt. Die passenden *sughi* sind herzhaft, klassisch die *salsa* aus Zwiebeln, Sardellen, Knoblauch, Olivenöl und Wein. *Bigoli* aus Weizenmehl und Eiern werden mit einem Sugo aus konzentrierter Entenbrühe vermischt.

Rezept für Bigoli con salsa d'anatra siehe Seite 172.

Spaghetti integrali

Spaghetti aus Vollkornweizenmehl und Wasser

Durchmesser: verschiedene Größen
Länge: 25 cm
Kochzeit al dente: je nach Größe
Ursprungsregion: ganz Italien

Grauer als die üblichen goldgelben *spaghetti* sind die Vollkornspaghetti, die sich nur langsam bei ernährungsbewußten Italienern durchsetzen. Unübertrefflich dazu ist ein dicklicher, gut gewürzter Tomatensugo – aber auch ein Sugo aus Waldpilzen, Chicorée oder verschiedenen Käsesorten ist voller Wohlgeschmack.

Trenette

Eckig abgeflachte, dünne Spaghetti aus Hartweizengrieß und Wasser

Breite: 4 mm
Länge: 25 cm
Kochzeit al dente: 9–10 Minuten
Ursprungsregion: Genua, Ligurien

Erst beim genauen Hinsehen erkennt man, dass *trenette,* die ligurischen Spaghetti, nicht rund, sondern eckig sind. Sie sind die typische Pasta zu einem der köstlichsten *sughi* der ligurischen Küche, dem *pesto,* einer cremigen Mischung aus Olivenöl, Pinienkernen, geriebenem Pecorino und duftendem Basilikum.

Rezept für Trenette al pesto alla genovese siehe Seite 174.

Bucatini

Makkaroni von mittlerer Dicke
aus Hartweizengrieß und Wasser

Durchmesser: 2,6–2,9 mm
Länge: 25 cm
Kochzeit al dente: 8–9 Minuten
Ursprungsregion: Neapel, Latium

Die herzhaften *bucatini* schmecken besonders gut zu einem kräftigen Sugo aus Tomaten mit Speck, Salami und scharfen Pfefferschoten. Ein klassisches Gericht sind zum Beispiel die *Bucatini all'amatriciana*, mit einem *ragù* von Schweinebacke, Tomaten, Pfefferschote und Pecorino.

Rezept für Bucatini all'amatriciana siehe Seite 176.

Candele lunghe

Extragroße, dicke Nudelstangen aus Hartweizengrieß und Wasser mit einem besonders großen Hohlraum

Durchmesser: 14 mm
Länge: 50 cm
Kochzeit al dente: 8–12 Minuten
Ursprungsregion: Kampanien

Lange Kerzen heißen die riesigen dekorativen *candele lunghe*, die nur noch in wenigen Familienbetrieben im Golf von Neapel in Handarbeit hergestellt werden. Vor dem Kochen werden sie dann allerdings in große Stücke gebrochen und danach mit Muscheln, Meeresfrüchten oder raffinierten Gemüse-*sughi* angerichtet.

Perciatelli

Makkaroni von mittlerer Dicke
aus Hartweizengrieß und Wasser

Durchmesser: 4 mm
Länge: 25 cm
Kochzeit al dente: 8–10 Minuten
Ursprungsregion: Kampanien, Kalabrien

Man muss schon Süditaliener sein, um zu sehen oder herauszuschmecken, dass zum Beispiel für die bekannte Spezialität *Pasta alla Norma* (mit Auberginen und Ricotta) die *perciatelli* besser geeignet sind als die nur wenig dünneren *bucatini*.

Rezept für Perciatelli alla Norma siehe Seite 180.

Ziti • Candele

Besonders dicke Makkaroni aus Hartweizengrieß und Wasser

Durchmesser: 7,5–9 mm
Länge: 25 cm
Kochzeit al dente: 10–12 Minuten
Ursprungsregion: Neapel, Süditalien

Ziti und *candele* sind die dicksten Makkaronisorten. Sie werden am häufigsten mit *sughi* aus den sonnengereiften Gemüsen des Südens gegessen, vor allem natürlich mit denen aus den leuchtend roten Tomaten von den Hängen des Vesuvs. Sie nehmen durch ihren großen Hohlraum viel Sauce auf. Aber auch als Hauptmahlzeit, mit Mozzarella, Salami und einem herzhaften *ragù* vermischt und im Ofen überbacken, sind die dicken Makkaroni besonders beliebt.

Lasagnette ricce

Breite Bandnudeln aus Hartweizengrieß und Wasser mit gezacktem Rand

Breite: 10–15 mm
Länge: 25 cm
Kochzeit al dente: 8–11 Minuten
Ursprungsregion: Kampanien

Die Phantasie der Nudelfabrikanten ist besonders im Süden fast grenzenlos. So gibt es neben den *lasagnette ricce* mit dem gezackten Rand auch noch *lasagnette doppio ricce,* die breiter und schärfer gezackt sind. Das bedeutet einen besonders kernigen Biss. Beide Nudelformen sind besonders beliebt zu sonntäglichen Mahlzeiten mit einem lange geschmorten neapolitanischen Fleischragout.

Lingue di passero • Bavette

Sehr schmale Bandnudeln aus Hartweizengrieß und Wasser

Breite: 2,3–3,3 mm
Länge: 25 cm
Kochzeit al dente: 7–11 Minuten
Ursprungsregion: Ligurien – Apulien

Lingue di passero heißt Spatzenzungen. Die schmalen, spaghettiähnlichen Nudeln sind eine beliebte Einlage in eine gemüsereiche Suppe wie die Minestrone. Aber auch mit einem *pesto,* mit Olivenöl und Kräutern oder einem Sugo aus Meeresfrüchten zu empfehlen.

Linguine

Schmale, flache Bandnudeln
aus Hartweizengrieß und Wasser

Breite: 2,5 mm
Länge: 25 cm
Kochzeit al dente: 7–9 Minuten
Ursprungsregion: Kampanien

Die schmalen, flachen *linguine* sind besonders beliebt mit allen Arten von *sughi di pesce* – Fischsugo – sowie Garnelen, Scampi und anderen Meeresfrüchten.

Nastrini • Reginelle

Breite Bandnudeln aus Hartweizengrieß und Wasser mit eingekerbtem Rand

Breite: 16 mm
Länge: 25 cm
Kochzeit al dente: 7–10 Minuten
Ursprungsregion: Kampanien

Der verzierte Rand der *nastrini* kommt besonders gut zur Geltung, wenn die Pasta mit einem Sugo aus rohen Tomaten, Olivenöl und Basilikum vermischt wird.

Pappardelle • Pappardelle ricce

Bandnudeln verschiedener Breite aus Hartweizengrieß und Wasser, mit und ohne Eizugabe, glatt und mit gewelltem Rand

Breite: 1–5 cm
Länge: unterschiedlich, meist 20–25 cm
Kochzeit al dente: 8–10 Minuten
Ursprungsregion: Toskana

Vor allem in der Toskana gelten die breiten Bandnudeln mit dem gekräuselten Rand als unentbehrliche Beilage zu allen Arten von *sughi* und *ragù* von Wild und Pilzen. Das klassische Rezept sind *Pappardelle alla lepre*. Hausgemachte *pappardelle* werden häufig aus einer Mischung von Hartweizengrieß und Weizenmehl hergestellt.

Rezept für Pappardelle alla lepre siehe Seite 182.

Paglia e fieno

Schmale weiße und grüne Bandnudeln aus Hartweizengrieß und Wasser mit Eizugabe, die grünen Nudeln haben außerdem einen Zusatz von püriertem Spinat

Breite: 2–4 mm
Länge: unterschiedlich
Kochzeit al dente: 3–5 Minuten
Ursprungsregion: Emilia

Paglia heißt Stroh und *fieno* Heu. Die weißgelben und grünen Nudelstreifen werden zu Nestern geformt oder miteinander verflochten verkauft. Sie sehen besonders appetitlich aus mit einem hellen Sugo aus frischen Pilzen oder Frühlingsgemüsen aber auch mit einem durchscheinenden leichten Tomatensugo.

Tagliolini • Taglierini

Sehr schmale Bandnudeln aus griffigem Weizenmehl, Hartweizengrieß und Wasser mit Eizugabe

Breite: 1,5–2 mm
Länge: 25 cm
Kochzeit al dente: je nach Eianteil 2–4 Minuten
Ursprungsregion: Emilia, Piemont

Die zarten Nudeln werden vor allem mit anspruchsvollen *sughi* aus Bratensaft von Rind- oder Kalbfleisch, mit Geflügelleber, Meeresfrüchten oder buntem Frühlingsgemüse vermischt. Die *tagliolini* werden im Piemont auch je zur Hälfte aus Weizenmehl und Kastanienmehl zubereitet.

Tagliarelli verdi

Mittelbreite Bandnudeln aus Hartweizengrieß, Eiern und püriertem Spinat

Breite: 8–10 mm
Länge: 25 cm
Kochzeit al dente: 3 Minuten
Ursprungsregion: Venetien

Besonders zarte Eierbandnudeln mit hohem Eianteil. Sie lassen sich gut mit edlen Zutaten wie Lachs, Garnelen, Spargelspitzen, Morcheln oder Trüffelscheiben vermischen.

Tonnarelli al nero

Lange, schmale Bandnudeln aus Hartweizengrieß, Wasser und Tinte vom Tintenfisch

Breite: 4–5 mm
Länge: unterschiedlich, 15–25 cm
Kochzeit al dente: 10–12 Minuten
Ursprungsregion: Umbrien

Das würzige Aroma aus den Säckchen des Tintenfisches teilt sich den Nudeln auf das Angenehmste mit, wenn auch der erste Anblick eines Tellers pechschwarzer Nudeln befremdlich ist. Am besten schmeckt dazu ein Sugo aus *frutti di mare* mit kleinen Würfeln von Tintenfisch.

Schwarze Nudeln gibt es auch als *tagliatelle, fettuccine* oder *tagliolini*.

Umbricelli • Strangozzi • Pici

Schmale, lange Nudeln
aus Hartweizengrieß und Wasser

Breite: 2–4 mm
Länge: unterschiedlich
Kochzeit al dente: 15–20 Minuten
Ursprungsregion: Umbrien – Toskana

Unter den drei verschiedenen Namen verbirgt sich die gleiche Nudelsorte. Sie ist eine der ganz wenigen typischen Pastasorten von Umbrien, den Marken und der Toskana. In Umbrien werden bei der fabrikmäßigen Herstellung manchmal auch gemahlene Trüffeln oder Pilze unter den Teig gemischt. Aber zu den normalen festen Nudeln isst man neben einem gut gewürzten Tomatensugo ein *ragù,* zum Beispiel aus Kaninchen, Hühnerklein oder Pilzen. Und wenn schon Trüffeln, dann werden sie klein geschnitten und mit Sahne vermischt im Sugo verwendet.

Pasta secca corta

Pasta secca corta
Kurze Nudeln aus Hartweizengrieß

Um eine ungefähre Vorstellung von der Fülle des Angebots an *Pasta secca corta* zu bekommen, sollte man einmal den Katalog eines mittelständischen italienischen *pastificio* durchblättern: Mindestens 100 verschieden große und unterschiedlich geformte Nudelsorten werden darin enthalten sein. Häufig gibt es von der gleichen Sorte auch noch zwei Versionen: *lisce*/glatt und *rigate*/gerillt. Beide haben ihre Liebhaber.

Im Norden zieht man die Pasta mit der glatten Oberfläche vor, weil sie auch optisch gut zu zarten *condimenti* wie Gemüsestückchen und kleinen Meeresfrüchten sowie zu den cremigen *ragùs* passt.

Die gerillten Nudeln bleiben beim Kochen immer ein wenig kernig, so dass auf dem Teller reichlich von dem unentbehrlichen Tomatensugo an ihnen haftet, den man im Süden so liebt.

Zum Teil besteht die *Pasta corta* einfach aus gerade oder schräg geschnittenen Stücken von langen Makkaroni. Am beliebtesten sind die schräg geschnittenen *penne,* die appetitlich vom Teller spitzen und mit den unterschiedlichsten Zutaten vermischt werden können. Favorit Numero zwei sind die anmutigen *farfalle,* schmetterlingsförmige Nudeln, die es in allen Größen gibt und die zu allen Arten von zarten Frühlingsgemüsen, Meeresfrüchten, Kräutern und Käse passen.

Viele der kurzen Nudeln sind regionale Spezialitäten, die in Italien an bestimmte Rezepte gebunden sind. Es gibt altbekannte Formen wie *conchiglie*/Muscheln, *lumache*/Schnecken, *creste di gallo*/Hahnenkämme oder *ricci di don*/Frauenlocken, aber es tauchen auch immer neue Designer-Formen auf.

Fast alle kurzen Nudeln haben Hohlräume, offene Enden oder dicke Rillen, damit sie die unterschiedlichen *sughi* gut aufnehmen können.

Gnocchi • Gnocchetti • Cavatelli

*Gewölbte, große und kleine Hohlnudeln
aus Hartweizengrieß und Wasser –
an eine geöffnete Muschel erinnernd*

*Länge: 20–30 mm
Kochzeit al dente: 12–14 Minuten
Ursprungsregion: Kampanien, Basilikata*

In Rom werden die *cavatelli* auch *gnocchi* genannt – die kleinen werden als Einlage in die Suppe gegeben, die großen häufig außer mit einem Tomatensugo auch mit Hülsenfrüchten wie Kichererbsen, Linsen und Bohnen und rohem Olivenöl *extra vergine* vermischt.

Cavatieddi • Cavatielli

Kleine, längliche Nudelteigstückchen aus Hartweizengrieß, griffigem Weizenmehl und Wasser mit einer Rille in der Mitte

Länge: unterschiedlich, 20–30 mm
Kochzeit al dente: 12–14 Minuten
Ursprungsregion: Abruzzen, Süditalien, Sizilien

Ähnlich den *orecchiette* gehören die *cavatieddi* zu den wenigen Pastasorten aus Hartweizengrieß und Wasser, die nicht nur fabrikmäßig, sondern auch *fatta in casa*, hausgemacht, hergestellt werden. Die kernigen Nudelstückchen werden häufig mit Hülsenfrüchten, Brokkoli, Rucola und anderem südlichen Gemüse vermischt und zum Schluss mit Olivenöl übergossen oder einfach in Knoblauch, Streifen von Pfefferschoten und Olivenöl geschwenkt.

Chifferi • Chifferotti • Chifferini

Kurze, gebogene Hohlnudeln aus Hartweizengrieß und Wasser

Länge: 25 mm
Kochzeit al dente: 8–12 Minuten
Ursprungsregion: Nord- und Mittelitalien

Die *chifferi* ähneln den *lumache,* jedoch haben die *chifferi* an beiden Seiten gleich große Öffnungen. Es gibt sie noch größer, dann heißen sie *chifferotti,* in kleinerer Form sind es *chifferini.* Man kann sie mit glattem und geriffeltem Rand bekommen. Neben Tomaten sind für die *sughi* Linsen, Bohnen, Paprika und Brokkoli besonders beliebt.

Conchiglie • Conchiglioni

Muschelartig geformte, gerillte Hohlnudeln aus Hartweizengrieß und Wasser

Länge: 35 mm
Kochzeit al dente: 10–12 Minuten
Ursprungsregion: Kampanien

Die schöne Muschelform der Pasta nimmt durch ihre große Öffnung besonders viel Sugo auf. Herzhafte *sughi* mit Salami, Würstel, Käse oder Tomaten mischen sich gut mit den *conchiglie*. Es gibt auch besonders große *conchiglioni,* die man vor dem Garen mit einer Fleischfarce füllt und mit einer Tomaten-Käse-Sauce im Ofen überbäckt.

Cornetti • Corni di bue

Einem kleinen Füllhorn ähnelnde Hohlnudeln aus Hartweizengrieß und Wasser

Länge: 30–40 mm
Kochzeit al dente: 12–14 Minuten
Ursprungsregion: unbekannt – neue Phantasieform

Die *cornetti* sind dekorativ verziert, während die *corni di bue* einem einfachen Horn gleichen. Wenn man sie mit jungen Gemüsen, Pilzen oder einem leichten Fleischragout vermischt, ist die hübsche Form besonders gut zu erkennen, gleichzeitig können die Hohlnudeln reichlich Sugo aufnehmen.

Cravatte • Cravattine • Franchesine

*Ovale kleine Nudelstückchen
aus Hartweizengrieß und Wasser,
an den Rändern gewellt und
in der Mitte zusammengedrückt*

*Länge: 13–15 mm
Kochzeit al dente: 8–10 Minuten
Ursprungsregion: Norditalien*

Die zierliche Pasta erinnert an kleine Schleifen und passt besonders gut zu leichten Vorspeisen und Salaten, mit kleinen Meeresfrüchten, jungen Gemüsen oder Pilzen vermischt. Etwas größer sind sie noch unter dem Namen *franchesine* zu haben.

Creste di gallo

Kurze gebogene Hohlnudeln aus Hartweizengrieß und Wasser mit einem aufgesetzten gewellten Rand verziert

Länge: 30–40 mm
Kochzeit al dente: 10–11 Minuten
Ursprungsregion: Ligurien

Die *creste di gallo*, auf deutsch Hahnenkämme, sind besonders hübsch anzusehen. Sie sollten mit einem leichten, durchsichtigen Sugo mit Stückchen von Schinken, Gemüse oder Meeresfrüchten vermischt werden, damit ihre Form sichtbar bleibt.

Denti d'elefante • Denti di cavallo • Denti di pecora

Gewölbte Hohlnudeln aus Hartweizengrieß und Wasser, glatt und gerillt

Länge: 45–60 mm
Kochzeit al dente: 10–12 Minuten
Ursprungsregion: unbekannt – Phantasieform

Diese »Elefanten«-, »Pferde«- oder »Ziegenzähne« werden in den Pastafabriken ganz Italiens in unterschiedlicher Größe hergestellt. Es gibt noch eine besonders große Hohlnudel der gleichen Gruppe, die sich *occhi d'elefante* (Elefantenauge) nennt und häufig gefüllt zubereitet wird.

Dischi volanti • Cappelletti

Pfenniggroße Nudeln
aus Hartweizengrieß und Wasser
mit einer Vertiefung in der Mitte

Durchmesser: 20–23 mm
Kochzeit al dente: 11–13 Minuten
Ursprungsregion: unbekannt

Fliegende Untertassen heißen die italienischen *dischi volanti* auf Deutsch – die *cappelletti* Hütchen. Sie sind nicht nur als Suppeneinlage beliebt, sondern auch zu herzhaftem *ragù* aus Fleisch, *salsiccia* (Wurst) oder Pilzen.

Ditali

Sehr kurz geschnittene Makkaronistücke aus Hartweizengrieß und Wasser – glatt und gerillt

Durchmesser: 7–8 mm
Länge: 10–12 mm
Kochzeit al dente: 10–12 Minuten
Ursprungsregion: Kampanien, Sizilien

Die Familie der *ditali* ist groß – es gibt sie in den unterschiedlichsten Stärken und Längen – die kleinen *ditalini* als Suppeneinlage, die großen *ditaloni* zum Überbacken. Kräftige Tomaten-*sughi*, herzhafte Gemüse, Muscheln – es gibt eigentlich kaum ein Pastagericht, das man nicht mit *ditali* zubereiten kann.

Rezept für Ditali alla Mortadella siehe Seite 214.

Eliche

Zwei kurze, ineinandergedrehte Nudelteigstreifen aus Hartweizengrieß und Wasser

Länge: 20–40 mm
Kochzeit al dente: 12–14 Minuten
Ursprungsregion: Mittelitalien

Eliche bedeutet kleine Propeller, und sie sind so beliebt, weil sie durch die vielen Vertiefungen besonders viel Sugo aufnehmen. *Eliche* gehören zu den Pastasorten, die besonders gerne bunt gemischt gekauft werden – also grün mit Spinatzugabe, rot mit Tomaten- oder Rote-Beete-Saft. Und einer der vielen Tomaten-*sughi* passt immer besonders gut dazu.

Farfalle • Farfalline • Farfallone

Kurze, wie Schmetterlinge geformte Nudelstreifen aus Hartweizengrieß und Wasser

Größe: unterschiedlich
Kochzeit al dente: je nach Umfang 8–10 Minuten
Ursprungsregion: Norditalien

Die anmutigen *farfalle* sind in ganz Italien beliebt, und es gibt sie in allen Größen, von den kleinen *farfalline* als Suppeneinlage bis hin zu den riesigen *farfallone*. Sie werden gerne mit einem leichten, farbigen Sugo zubereitet, zum Beispiel aus rohen Tomaten, aber auch mit zarten Gemüsen, Meeresfrüchten oder Lachsstreifen vermischt.

Rezept für Farfalle alle cinque verdure siehe Seite 188.

Fusilli a spirale corti

Kurze, dünne, spaghettiartige Pasta aus Hartweizengrieß und Wasser, korkenzieherartig gedreht

Länge: 30–40 mm
Kochzeit al dente: 8–12 Minuten
Ursprungsregion: Kampanien

Die beliebten *fusilli* gibt es in verschiedenen Längen und Stärken. In Kalabrien werden sie wegen ihrer hübschen Form *ricci di donna* – Locken der Frauen – genannt. Alle Gemüse des Sommers lassen sich besonders gut mit den *fusilli* kombinieren, und die verschiedenen Tomaten-*sughi* werden durch die Spiralen besonders gut aufgenommen.

Garganelli

Kleine, gerillte, röhrchenförmige Hohlnudeln aus Hartweizengrieß und Wasser mit Eizugabe

Länge: 50–60 mm
Kochzeit al dente: 6–8 Minuten
Ursprungsregion: Romagna

Früher waren die zarten *garganelli* nur hausgemacht, jetzt produziert man sie auch fabrikmäßig. Für die Herstellung werden kleine Teigvierecke diagonal über einen Stab gerollt, sodass besonders lockere, dekorative Nudelröhrchen entstehen. Dazu bereitet man einen anspruchsvollen Sugo oder ein leichtes *ragù*, das aus Kalb- oder Rindfleisch, Schinken und Sahne oder auch aus frischen Morcheln bestehen kann.

Gemelli

Zwei kurze, miteinander verschlungene Spaghettistreifen aus Hartweizengrieß und Wasser

Länge: 35–40 mm
Kochzeit al dente: 12–14 Minuten
Ursprungsregion: Norditalien

Gemelli heißt auf Deutsch Zwillinge. Mit ihren leicht unregelmäßig verschlungenen Streifen sieht diese dekorative Nudelform richtig hausgemacht aus. Man isst sie häufig mit würzigen Tomaten-*sughi*. Kleine Meeresfrüchte, Bratensaft, Schinken, mit Sahne vermischt sind nur einige Varianten.

Gnocchetti sardi • Is Malloreddus

Zu kleinen, festen Rollen geformte, gerillte Nudeln aus besonders kräftigem Hartweizengrieß und Wasser, mit Safran leicht gelb gefärbt

Länge: 10–20 mm
Kochzeit al dente: 11–13 Minuten
Ursprungsregion: Sardinien

Die safrangelben *gnocchetti* sind die sardische Pastaspezialität, auch *is malloreddus* genannt. Es gibt sie in verschiedenen Größen und auch in den Farben Spinatgrün und Tomatenrot. Die beliebtesten *sughi* dazu sind, neben herzhaften Tomatensaucen, *ragù* aus Hühnerfleisch, Kaninchen oder Wildschwein sowie Muscheln oder Pilzen.

Rezept für Gnocchetti sardi con sugo di coniglio siehe Seite 190.

Gramigna • Gramignoni

Kurze, spaghettiartige Nudeln aus Hartweizengrieß und Wasser – leicht gebogen

Länge: 25–30 mm
Kochzeit al dente: 10–12 Minuten
Ursprungsregion: Emilia

Die kleinen, leicht gebogenen Nudeln werden häufig als Einlage in eine klare Brühe gegeben, aber auch gerne zu einer *salsa bolognese* genossen. Es gibt zur *gramigna* noch eine Steigerung, die *gramignoni,* das sind besonders große, leicht aufgeschlitzte Nudeln, die sehr gute Saucenträger sind.

Lumache • Pipe

Kurze, gewölbte Hohlnudeln aus Hartweizengrieß und Wasser – glatt und gerillt

Länge: 15–20 mm
Kochzeit al dente: 13–18 Minuten
Ursprungsregion: Ligurien, Kampanien

Schnecke oder Pfeife heißen die in allen Größen angebotenen Hohlnudeln auf Deutsch, die besonders von Liebhabern reichlicher *sughi* geschätzt werden. Die kleineren heißen *lumachine* und *pipette* und die größeren *lumaconi* und *pipettoni*. *Sughi* mit Gemüse, Fleischklößchen, Pilzen und natürlich aus frischen Tomaten, mit Basilkum gewürzt, sind ideale Begleiter.

Maltagliati

Unregelmäßig geschnittene breite Nudelstücke aus Hartweizengrieß und Wasser

Durchmesser: unterschiedlich
Kochzeit al dente: 8–12 Minuten
Ursprungsregion: Abruzzen

Maltagliati heißt schlecht geschnitten. Für diese Pastasorte wird ausgerollter dünner Teig mit dem Messer oder einer Maschine in verschieden große und kleinere Stücke geschnitten. Die Nudelblätter serviert man häufig mit einem Sugo aus Rindfleisch, aber auch ein scharf gewürzter Tomatensugo ist sehr beliebt. *Maltagliati* werden häufig mit Vollkornmehl zubereitet, dann sind es *maltagliati integrali*.

Maniche di frate • Occhi d'elefante

Besonders große, leicht gebogene Hohlnudeln aus Hartweizengrieß und Wasser, glatt und gerillt

Durchmesser: 16–18 mm
Länge: 60 mm
Kochzeit al dente: 15–17 Minuten
Ursprungsregion: Emilia

Die großen Hohlnudeln (auf Deutsch Mönchsärmel oder Elefantenaugen) werden kurz vorgekocht, danach mit einem Fleisch- oder Gemüseragout gefüllt und überbacken. Wer es kleiner mag: Es gibt auch *mezze maniche* und *mezzi occhi d'elefante* – sie haben den gleichen Durchmesser, aber nur die halbe Länge und saugen besonders viel Sugo auf.

Millerighe

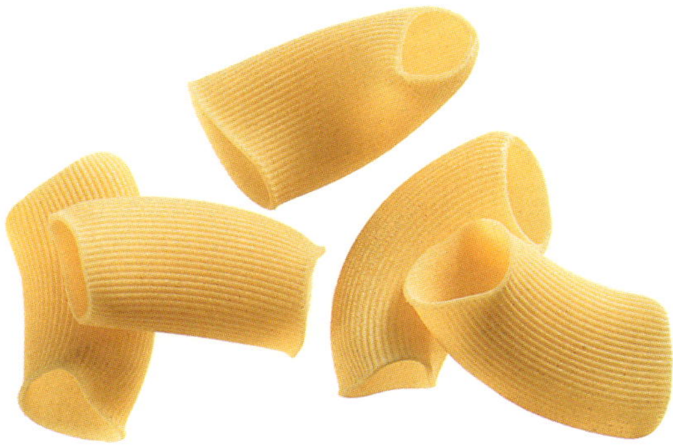

Kurze, dicke, dicht gerillte Hohlnudeln aus Hartweizengrieß und Wasser

Durchmesser: 15–22 mm
Länge: 65 mm
Kochzeit al dente: 9–11 Minuten
Ursprungsregion: Süditalien

Die herzhaften *millerighe* (tausend Rillen) werden nicht nur mit kräutergewürzten Tomaten-*sughi* oder einem leichten Fleischragout geschätzt, sie eignen sich auch besonders für im Ofen überbackene Pastagerichte. Gleicher Wertschätzung erfreuen sich die halbierten *mezze millerighe* und die extra großen *millerighe giganti*.

Orecchiette

Kleine, runde, gewölbte Nudeln
aus grobem Hartweizengrieß und Wasser

Durchmesser: 20–25 mm
Kochzeit al dente: 12–14 Minuten
Ursprungsregion: Apulien

Die Form der *orecchiette* erinnert an kleine Ohren, daher der Name. Sie werden in Apulien häufig noch hausgemacht. Teigröllchen werden in Scheiben geschnitten und in jede mit dem Daumen eine Vertiefung gedrückt. Am beliebtesten sind die *orecchiette* mit Brokkoliröschen, Olivenöl und Sardellen vermischt. Aber auch mit einem Sugo aus Gemüsen, Fisch oder Meerestieren werden sie in Apulien, der Basilikata und in Kalabrien häufig auf den Tisch gebracht.

Rezept für Orecchiette alle cime di rapa siehe Seite 192.

Penne

Kurze, an den Enden schräg geschnittene Makkaroni aus Hartweizengrieß und Wasser, glatt und gerillt

Durchmesser: 7–8 mm
Länge: 50 mm
Kochzeit al dente: 8–11 Minuten
Ursprungsregion: Kampanien

Penna heißt Schreibfeder, und die spitzen Enden dieser Nudelart bieten immer einen dekorativen Anblick auf dem Pastateller. Ein klassisches Gericht sind die *Penne all'arrabbiata* mit einem höllisch scharfen Sugo aus Tomaten, Speck, Knoblauch und *peperoncini*, den kleinen roten Pfefferschoten. Die Familie der *penne* ist groß – sie reicht von kleinen *pennine* über die *pennette* bis zu großen weihnachtlichen *penne di natale*.

Rezept für Penne all'arrabbiata siehe Seite 194, für Penne agli scampi Seite 195.

Penne candele

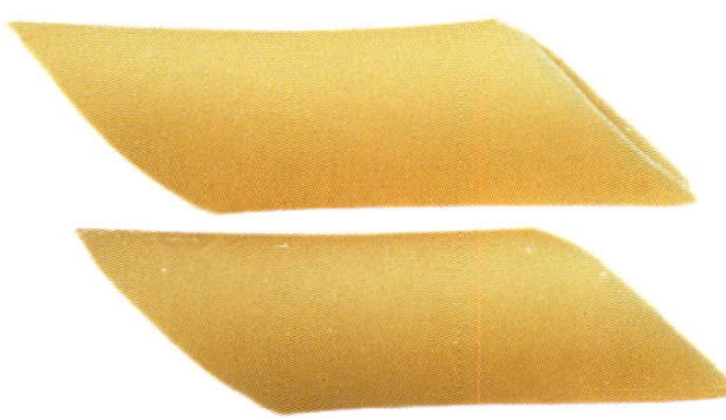

Kurze, schräg geschnittene Hohlnudeln aus Hartweizengrieß und Wasser, glatt und gerillt

Durchmesser: 13 mm
Länge: 60–70 mm
Kochzeit al dente: 7–11 Minuten
Ursprungsregion: Kampanien

Noch mehr Sugo als die *penne* nehmen die *penne candele* auf, die besonders dekorativ mit Muscheln, kleinen Meeresfrüchten, aromatischen Gemüse- und Tomaten-*sughi* angerichtet werden können.

Radiatori

Zylindrisch geformte kurze Nudeln
aus Hartweizengrieß und Wasser
mit quer aufgesetzten gekräuselten Streifen

Länge: 25–30 mm
Kochzeit al dente: 12–15 Minuten
Ursprungsregion: unbekannt – Phantasieform

Schon der Name *radiatori* – Heizkörper, Kühler – verrät, dass diese lustig aussehenden Nudeln erst in jüngster Zeit entworfen wurden, mit dem einzigen Ziel, für den genüsslichen Esser so viel wie möglich von einem dicklichen, aromatischen Sugo seiner Wahl aufzunehmen.

Rigatoni • Paccheri

Dicke, gerillte, kurze Hohlnudeln aus Hartweizengrieß und Wasser

Durchmesser: Rigatoni 13 mm; Paccheri 16 mm
Länge: 60 mm
Kochzeit al dente: 8–9 Minuten
Ursprungsregion: Rom, Abruzzen

Die kernigen, gerillten *rigatoni,* die größeren werden auch *paccheri* genannt, sind in der römischen Küche unentbehrlich für die herzhaft gewürzten Ragouts aus Innereien/*pajata,* Lammfleisch und Ochsenschwanz. Wer die Pasta gerne etwas weniger üppig liebt, kann *mezzi rigatoni* kaufen.

Rezept für Rigatoni con ragù d'agnello e peperoni siehe Seite 196.

Ruote

Dekorative, wagenradartige Nudeln
aus Hartweizengrieß und Wasser

Durchmesser 20–24 mm
Kochzeit al dente: 13–15 Minuten
Ursprungsregion: unbekannt – Phantasieform

Wie kleine Räder mit Speichen sehen die *ruote* aus und sind durch die vielen Hohlräume sehr gut geeignet, mit Frühlingsgemüsen, Tomatenstückchen, Meeresfrüchten oder mit Butter und Kräutern vermischt zu werden. Als Suppeneinlage sind die kleineren *rotelle* zu empfehlen.

Rezept für Ruote al pomodoro crudo, basilico e mozzarella siehe Seite 198.

Sedani

Leicht gebogene, mittelgroße Hohlnudeln aus Hartweizengrieß und Wasser, glatt und gerillt

Durchmesser: 10 mm
Länge: 50 mm
Kochzeit al dente: 8–10 Minuten
Ursprungsregion: Norditalien

Ihren Namen haben die gerillten *sedani* von den weißen Stangen des Bleichsellerie. *Sedani* werden gerne mit Gemüse vermischt oder mit schmelzendem Käse wie Fontina oder Ricotta verfeinert. Es gibt auch kleinere *sedani,* die heißen dann *sedanini*.

Rezept für Sedani ai quattro formaggi siehe Seite 200.

Sigarette

Glatte, schmale Hohlnudeln aus Hartweizengrieß und Wasser

Durchmesser: 10 mm
Länge: 55 mm
Kochzeit al dente: 8–10 Minuten
Ursprungsregion: Süditalien

Die Zigaretten genannten schmalen Hohlnudeln werden gerne in Olivenöl und Kräutern oder mit Knoblauch, Sardellen und scharfen Peperonistreifen mit geriebenem Pecorino geschwenkt. In halber Länge und etwas dünner kommen sie als *sigarette mezzine* auf den Tisch.

Spaccatelle

Schmale, geschwungene Nudelstreifen aus Hartweizengrieß und Wasser, leicht nach innen gewölbt.

Länge: unterschiedlich, 35–40 mm
Kochzeit al dente: 11–13 Minuten
Ursprungsregion: Sizilien

Geradezu elegant sehen die sanft geschwungenen *spaccatelle* aus. Sie eignen sich besonders gut für einen kalten Nudelsalat mit buntem Gemüse oder Meeresfrüchten, können aber durch ihre leicht gewölbte Innenseite auch jede Art flüssiger *sughi* aufnehmen.

Tacconi • Tacconelli

Kleine rhombenartig oder viereckig geschnittene Nudelteigstücke aus Hartweizengrieß und Wasser, mit und ohne Eizugabe

Größe: unterschiedlich, 40–60 mm
Kochzeit al dente: je nach Eianteil 3–10 Minuten
Ursprungsregion: Toskana

Die kleinen Teigstücke lassen sich vielfältig mit bunten Gemüse-*sughi* und Pilzen vermischen, auch Hülsenfrüchte sind als Begleitung beliebt – einmal abgesehen von den Tomaten-*sughi* mit toskanischem Olivenöl.

Tortiglioni • Elicoidali

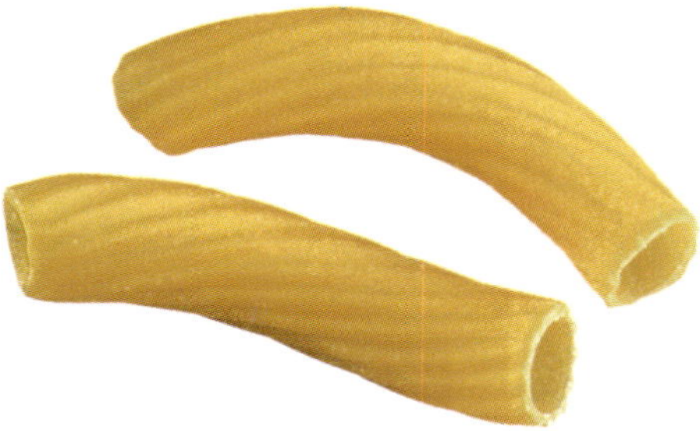

Mittelgroße, leicht schräg gerillte Hohlnudeln aus Hartweizengrieß und Wasser

Durchmesser: 10 mm
Länge: 50 mm
Kochzeit al dente: 8–10 Minuten
Ursprungsregion: unbekannt

Zu den herzhaften *elicoidali* oder *tortiglioni* wird meistens ein tomatenreiches, leichtes Fleischragout aus Schweinefleisch, Lammfleisch oder Bratwurst gegessen. Aber auch zum Überbacken sind die festen Nudeln gut geeignet.
Elicoidali integrali bestehen aus Vollkornweizenmehl und Wasser.

Rezept für Tortiglioni con le polpettine siehe Seite 202.

Tubetti • Tubettini

Kurze, gerillte Stücke von Makkaroni aus Hartweizengrieß und Wasser

Länge: Tubetti 8 mm, Tubettini 2 mm
Kochzeit al dente: 8–10 Minuten
Ursprungsregion: Kampanien

Die kurzen *tubetti* lassen sich besonders gut essen, weil sie nicht so leicht von der Gabel rutschen. Sie werden außer mit dem unentbehrlichen Tomatensugo auch gerne für die Zubereitung sommerlicher Salate mit farbigen Gemüsestücken oder Streifen von Salami oder Schinken verwendet.
Die kleinen *tubettini* sind eine gute Einlage für alle Arten von Minestrone, aber auch unentbehrlich für die Bohnensuppe *Pasta e fagioli*.

Pasta secca piccola

Pasta secca piccola
Kleine Suppennudeln aus Hartweizengrieß

Sie ist wirklich *piccolissima,* winzig, die Pasta aus Hartweizengrieß, die es in den vielfältigsten Formen gibt und die meist als Suppeneinlage dient. Oft sind es Kleinstausgaben der kurzen Nudeln, die dann *farfalline* oder *lumachine* heißen, aber auch *rotelle,* Rädchen, *cuoricini,* Herzchen, *stelline,* Sternchen, *peperini,* Pfefferkörner, oder *avemarie,* Ringe, sind darunter.

Die *gnocchi,* Nockerl aus Kartoffelteig, Grieß oder Mehl, von weißer oder spinatgrüner Farbe, gehören ebenfalls in die Gruppe der kurzen Pasta, werden aber meistens hausgemacht. Man kann sie natürlich auch kochfertig in Pasta-Spezialgeschäften kaufen oder in Klarsichtpackungen verschweißt in Supermärkten (auf Frischedatum achten!). Auch hier sind die Qualitätsunterschiede groß – es gilt wie immer, den richtigen Hersteller zu finden.

Anelli • Anellini

Ringförmig geformte Nudeln aus Hartweizengrieß und Wasser in unterschiedlichen Größen.
Anello *heißt Ring.*

Avemarie

Kurze kleine Hohlnudeln aus Hartweizengrieß und Wasser. Vielleicht haben sie ihren Namen daher, dass sie wie Teile eines Rosenkranzes aussehen.

Cappellini

Kleine, mützenartig geformte Hohlnudeln mit gezacktem Rand. Gibt es auch noch kleiner als cappellettini. Cappelletto *heißt Hütchen.*

Conchigliette

Zierliche muschelförmige Hohlnudeln aus Hartweizengrieß und Wasser. Conchiglia *heißt Muschel.*

Corallini

Winzige, an Korallenstücke erinnernde Hohlnudeln aus Hartweizengrieß und Wasser.

Diavolini • Diavoletti

Kleine, leicht gebogene, spaghettidünne Nudeln aus Hartweizengrieß und Wasser. In zwei verschiedenen Größen.

Farfalline

Kleine, wie Schmetterlinge geformte Nudelstreifen aus Hartweizengrieß und Wasser.
Farfalla *heißt Schmetterling.*

Fregole

Diese perlenförmigen kleinen Nudeln aus Hartweizengrieß und Wasser sind eine Spezialität aus Sardinien und dienen als besonders beliebte Einlage für eine Fischsuppe.

Lancette

Kleine Teigquadrate aus Hartweizengrieß und Wasser werden so diagonal übereinandergefaltet, dass schmale, spitze, lanzettenförmige Nudeln entstehen.

Margherite • Margheritine

Muschelartig geformte, kleine, zart gerillte Hohlnudeln aus Hartweizengrieß und Wasser

Occhi di pernice • Occhi di passero

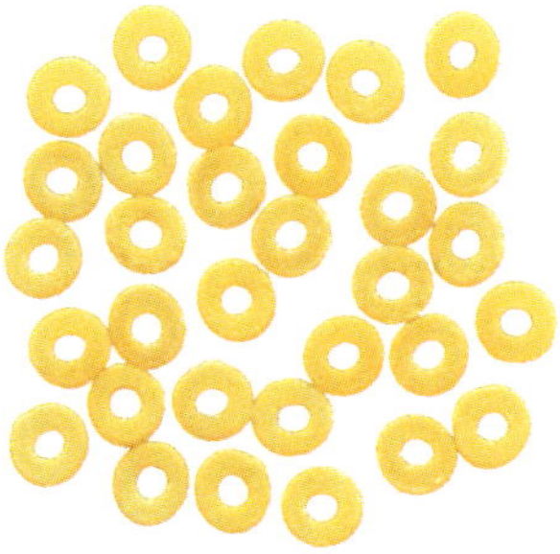

Rebhuhnaugen und Spatzenaugen werden die kleinen ringförmigen Nudeln genannt.

Quadricci • Quadretti • Quadrattini

Quadratische kleine Nudelflecken aus Hartweizengrieß und Wasser. Es gibt sie in verschiedenen Größen.

Rotelli • Rotellini

Kleine, dekorative, wagenradähnliche Pasta aus Hartweizengrieß und Wasser.
Rotelle *heißt Rädchen.*

Semi di mele, di melone, d'orzo, di grana, di peperoni, di cicoria

Nudelstückchen aus Hartweizengrieß und Wasser in Form von Obst- oder Gemüsekernen und in verschiedenen Größen. Seme *heißt Same oder Kern.*

Stelle • Stellette • Stelloni • Stelline

Kleine, sternchenförmige Nudeln aus Hartweizengrieß und Wasser. Sie werden in vier verschiedenen Größen hergestellt. Stella *heißt Stern.*

Tubetti – Tubettini

Kleine, makkaronidicke Nudelstückchen aus Hartweizengrieß und Wasser. Tubetto *heißt Röhrchen.*

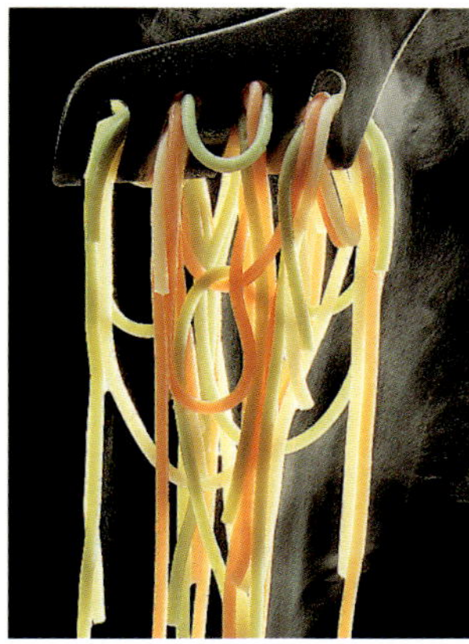

Pasta colorata

Farbige Pasta

Das Pastaangebot wird nicht nur ständig reicher an skurrilen Formen, sondern auch immer farbiger. Jahrhundertelang waren alle Pastasorten von weißer oder zartgelber Farbe. Die einzigen Ausnahmen bildeten die grünen, spinatgefärbten *lasagne verdi* und *tagliatelle verdi* aus der Emilia, die noch heute zu den beliebtesten Klassikern zählen, und – in geringer Menge – die schwarzen Nudeln, die *Pasta al nero,* die, vor allem entlang der Küsten, meistens hausgemacht und mit der Tinte des Tintenfisches gefärbt werden.

Inzwischen ist die Auswahl an farbiger Pasta, ob hausgemacht oder fabrikmäßig hergestellt, buchstäblich kunterbunt. Rot von Tomatenmark, goldgelb von Safran, bräunlich von Kastanienmehl oder Kakao, rotviolett von roten Rüben, bronzefarben von Karotten, olivfarben von Brennesseln oder Minze – die kreativen Italiener erfinden immer neue Farbnuancen.

Es sind ausschließlich natürliche Zutaten, die unter den Nudelteig gemischt werden dürfen, auch das ist Gesetz. Eine andere immer beliebter werdende Neuerung ist das Würzen des Teiges mit Zutaten, die sonst als *condimenti* zu den *sughi* verwendet werden: etwa mit gemahlenen Trüffeln oder Steinpilzen, mit Gemüsen, Knoblauch, *peperoncini,* geriebenem Käse oder würzigen Kräutern. Ich muss gestehen, dass ich bei diesen »angereicherten« Nudeln nur selten eine Geschmacksverbesserung feststellen konnte. Am besten schwenkt man die gewürzte Pasta einfach nur in feinstem Olivenöl oder Butter. Ein guter Sugo dürfte die schwachen Aromen der Nudeln meist überdecken, auf alle Fälle wird der Genuss ungleich größer sein, wenn frische Steinpilze oder Trüffel, frische Kräuter oder frisch geriebener Käse unter die dampfende Pasta gemischt werden.

Pasta fresca

Pasta fresca all'uovo
Hausgemachte Eiernudeln

Die Kunst der italienischen Nudelherstellung beginnt bei der häuslichen Zubereitung der *Pasta fresca all'uovo,* auch *Pasta casalinga* genannt. Die Zubereitung des Teiges und vor allem das Ausrollen der *sfoglia,* der Nudelteigblätter, erfordert viel Kraft, Übung und handwerkliches Geschick.

Das Nudelparadies schlechthin war und ist die Emilia-Romagna. Dort wächst auch das beste Getreide für ihre Herstellung, der *grano tenero,* der Weichweizen. In Italien heißt das daraus gewonnene, feine weiße Mehl *farina tipo 00,* das deutsche Weizenmehl der Type 405 entspricht ihm am ehesten.

Ebenso wichtig wie die Güte des Mehls ist die Frische der verwendeten Eier. Die kleinen privaten Pastahersteller, die *artigiani della pasta,* die in ihren Läden täglich frisch gemachte Nudeln verkaufen, garantieren ihren Kunden, dass sie tagesfrische Eier verwenden. Und die Mamma daheim hat auf dem örtlichen *mercato* ohnehin ihren speziellen Eierlieferanten. Der ausgerollte Nudelteig, die *sfoglia,* ist die Grundlage all der herrlichen hausgemachten Nudelspezialitäten, von *tagliatelle* und *tortellini* bis zu *ravioli* und *lasagne*.

Inzwischen hat sich auch die Teigwarenindustrie, die lange nur für die *Pasta secca* aus Hartweizengrieß zuständig war, der *Pasta all'uovo* angenommen. Auch für sie gilt das Gesetz, nach dem in Italien nur Frischeier für die Nudelherstellung verwendet werden dürfen. Die zerbrechlichen, zarten Nudeln werden besonders kunstgerecht verpackt und müssen ein Haltbarkeitsdatum aufweisen. Doch trotz all der hochwertigen Fertigprodukte – die Krönung aller Genüsse bleibt nach wie vor die hausgemachte Pasta, die von der Mamma höchstpersönlich zubereitet und mit einem passenden *ragù* nach altem Familienrezept aufgetragen wird.

Das Grundrezept für Pasta fresca • Eiernudelteig

400 g Weizenmehl, Type 405, 4 Eier

Zum Kochen der Pasta:

4 l Wasser, 40 g Salz, 1 EL Öl

Das Mehl auf ein Holzbrett sieben, anhäufeln und in die Mitte mit einem Löffel eine Vertiefung drücken. Die Eier einzeln in einer Tasse aufschlagen und nacheinander in die Vertiefung geben. Mit einer Gabel oder mit den Fingerspitzen vorsichtig Mehl und Eier vermischen.

Wenn das Mehl die Eier aufgenommen hat, wird der Teig mit den Händen verknetet. Die Wärme der Hände vermischt die Eier und das Mehl viel gründlicher miteinander, als eine noch so moderne Teigmaschine es könnte. Das Verkneten dauert etwa eine Viertelstunde – der fertige Teig soll glatt, elastisch und glänzend sein und sich ganz leicht vom Holzbrett lösen. Den runden Teigball in einer Schüssel mit einem feuchten Tuch oder einer Folie bedeckt eine Viertelstunde lang ruhen lassen. Nun folgt der schwierige Teil: das Ausrollen zur *sfoglia,* zum eigentlichen Teigblatt, auf einem ganz leicht bemehlten Brett mit dem ebenfalls leicht eingemehlten Nudelholz (am besten sind die aus Kirschholz).

Die ideale Beschaffenheit hat die *sfoglia,* wenn sie etwa 2 mm dick ist. Durch eingeschobene oder vorgesetzte Schablonen oder durch Düsen kann man unterschiedliche Nudelformen aus der Maschine auf das leicht bemehlte Brett gleiten lassen. Will man die Nudeln selber schneiden, rollt man den Teig der Breite nach zu einer zylindrischen Form auf. Mit einem schweren, scharfen Messer werden daraus Nudeln in der gewünschten Breite geschnitten.

Sechs goldene Regeln

für das Kochen hausgemachter Eiernudeln

1. Unerlässlich ist ein großer, breiter, halbhoher Kochtopf mit Deckel – die Nudeln müssen richtig darin schwimmen können. Zum Kochen von je 100 g Nudeln braucht man 1 l Wasser. Mindestens eine Handbreit Raum muss im Kochtopf frei bleiben.

2. Erst wenn das Wasser sprudelnd kocht, werden das Salz (10 g Salz auf 1 l Wasser) sowie ein Esslöffel Öl hinzugefügt, damit die etwas feuchten Nudeln nicht aneinander kleben.

3. Die Nudeln locker in das kochende Salzwasser geben und den Topf mit dem Deckel verschließen, bis das Wasser wieder zu kochen beginnt. Danach offen in wenigen Minuten *al dente* kochen – also kernig weich. Vor dem Abgießen eine Probenudel entnehmen.

4. Die Nudeln in einen Durchschlag schütten und gut abtropfen lassen.

5. Je nach Rezept in einer hochwandigen Pfanne in zerlassener Butter schwenken, die mit einigen Salbeiblättern gewürzt wurde, oder vorsichtig in den bereit stehenden Topf mit dem heißen Sugo schütten und alles mit der Hälfte des geriebenen Parmesans vermischen.

6. Rasch auf vorgewärmte Teller oder in eine vorgewärmte Schüssel geben und auftragen. Den restlichen geriebenen Käse streut jeder selbst über seine Pasta.

Pasta fresca

Corzetti

Fünfmarkstückgroße Nudelplätzchen aus Hartweizengrieß und Wasser mit Eizugabe

Ursprungsregion: Ligurien, Trentino

Die dekorativen, plätzchenförmigen Nudeln werden zusätzlich manchmal noch mit Hilfe eines speziellen Ausstechers mit einem Muster versehen. Ein kräftiges Fleischragù oder ein herzhafter Tomatensugo schmecken gut dazu. *Corzetti* gibt es auch unter dem Namen *tallerie* als *Pasta secca* fertig zu kaufen.

Fettuccine

Mittelbreite Bandnudeln aus griffigem Weizenmehl und Eiern

Breite: 10 mm
Länge: unterschiedlich
Kochzeit al dente: 3–4 Minuten
Ursprungsregion: Rom, Latium

Doppelt so breit wie die emilianischen *tagliatelle* sind die *fettuccine* aus Rom und Latium. Die beste Art, die geschmeidigen Eierbandnudeln zu genießen, ohne ihren zarten Eigengeschmack zu überdecken, ist, sie reichlich mit Flöckchen von bester Butter und frisch geriebenem Parmesankäse sehr gründlich zu vermischen. Aber auch Mascarpone und Schinken, Lachs und Sahne, Spargel und Scampi passen zum Beispiel gut zu den delikaten *fettuccine*. Man erhält sie auch fabrikmäßig hergestellt als *Pasta secca* in unterschiedlicher Qualität. Sie bestehen aus Hartweizengrieß und frischen Eiern.

Rezept für Fettuccine all'Alfredo siehe Seite 201.

Gnocchi alla piemontese

Nockerln aus gekochten Kartoffeln, Weizenmehl und Ei

Größe: teelöffelgroß
Kochzeit al dente: 8–12 Minuten
Ursprungsregion: Piemont

Unter den verschiedenen *Gnocchi*-Sorten erkennt man die piemontesischen daran, daß sie auf der Oberfläche ein mit der Gabel eingedrücktes Rillenmuster haben. Sie werden im Piemont mit geriebenem Parmesan bestreut und mit zerlassener Butter, vermischt mit einigen Salbeiblättern, übergossen. Aber auch ein Sugo aus Tomaten, Pilzen oder Bratensaft ist eine beliebte Begleitung.
Es gibt auch grüne *gnocchi alla piemontese,* dann wird dem Kartoffelteig pürierter Spinat hinzugefügt.

Gnocchi alla romana

Grießplätzchen aus Milch, Weizengrieß und Eigelb

Höhe: 1 cm
Durchmesser: 3–5 cm
Kochzeit: 20 Minuten
Ursprungsregion: Rom, Latium

Für die Zubereitung der römischen *gnocchi* wird ein dicker Grießbrei auf ein Holzbrett gestrichen, und aus ihm werden mit einem gezackten Ausstecher oder einem Glas Plätzchen ausgestochen. Die erkalteten *gnocchi* werden mit Butter übergossen und mit geriebenem Pamesan bestreut im Ofen überbacken. Man kann eine Tomatensauce dazu servieren.

Gnocchi verdi alla trentina • Strangolapreti

Kleine Nockerln aus
Weißbrot, Milch und püriertem Spinat

Größe: Esslöffelgroß
Kochzeit al dente: 6–8 Minuten
Ursprungsregion: Trentino

Die *gnocchi verdi* werden im Trentino mit zerlassener Butter, mit einigen Salbeiblättchen vermischt, übergossen.
Der Name *strangolapreti* soll daher stammen, dass ein genussfreudiger Priester zu viel von den köstlichen *gnocchi* verschlungen hatte und dann daran erstickte.

Maccheroni alla chitarra

Streifig geschnittene, schmale Nudeln aus Hartweizengrieß und Eiern

Länge: 25 mm
Kochzeit al dente: 4–6 Minuten
Ursprungsregion: Abruzzen

Für die echten *maccheroni alla chitarra* wird der Nudelteig durch ein mit Drähten bespanntes Gerät gedrückt. Sie gelten als *piatto nazionale abruzzese,* und die klassische Begleitung ist ein scharf gewürztes Lammragout. Die *maccheroni alla chitarra* gibt es auch als *Pasta secca* kochfertig zu kaufen.

Maccheroni inferrettati

Kleine Makkaronistückchen aus Hartweizengrieß, griffigem Weizenmehl und Wasser

Länge: 2–3 cm
Kochzeit al dente: 9–11 Minuten
Ursprungsregion: Süditalien

Für die Herstellung der in ganz Süditalien beliebten Pasta braucht man einen viereckigen Eisenstab. Der zu einer dünnen Platte ausgerollte Pastateig wird in kleine Portionen geschnitten und um den Eisenstab gewickelt. Die kleinen Makkaroni zieht man dann vorsichtig ab. Dazu gehört ein kräftiger Tomatensugo, mit Oregano und Pfeffer gewürzt und zum Schluss mit einigen Esslöffeln Olivenöl abgeschmeckt.

Pizzoccheri

Schmale Bandnudeln aus Buchweizen- und Weizenmehl, evtl. mit Eizugabe

Breite: 1 cm
Länge: 8–10 cm
Kochzeit al dente: 12–15 Minuten
Ursprungsregion: Veltlin–Lombardei

Die herzhaften Buchweizennudeln werden zusammen mit Weißkohl gar gekocht und, gut abgetropft, mit Knoblauch, frischem Käse, Parmesan sowie zerlassener Butter vermischt. Ein richtiges Wintergericht, das eine volle Mahlzeit darstellt.

Tagliatelle

Schmale Bandnudeln aus griffigem Weizenmehl und Eiern

Breite: 5 mm
Länge: unterschiedlich
Kochzeit al dente: 3–4 Minuten
Ursprungsregion: Emilia

Tagliatelle – hausgemachte Eierbandnudeln – kann man immer häufiger auch bei uns frisch zubereitet in Spezialgeschäften kaufen. Sie sind die ideale Pasta, um in Minutenschnelle ein anspruchsvolles Nudelgericht auf den Tisch zu bringen. Die feinen *tagliatelle* lassen sich mit allen leichten, edlen *sughi* vermischen, zum Beispiel aus Krebsen, Meeresfrüchten, Geflügel, Frühlingsgemüse oder den ausgezeichneten Käsen der Emilia-Romagna.
Tagliatelle gibt es auch als *Pasta secca* fertig zu kaufen.

Rezept für Tagliatelle con caviale siehe Seite 204.

Tagliatelle verdi

Schmale grüne Bandnudeln aus griffigem Weizenmehl, Eiern und püriertem Spinat – die grünen Tagliatelle sind etwas fester in der Konsistenz als die weißen.

Breite: 5 mm
Länge: unterschiedlich
Kochzeit al dente: 4–5 Minuten
Ursprungsregion: Emilia

Zu den klassischen grünen Nudeln, den *tagliatelle verdi,* gehört eine echte *salsa bolognese,* die vor allem aus Hackfleisch, Schinken, Pilzen, Tomaten und Rotwein besteht. Aber auch viele der delikaten *sughi* der Emilia mit Pilzen, Schinken, Hühnerleber oder Meeresfrüchten erhöhen den Genuß der *tagliatelle verdi.* *Tagliatelle verdi* gibt es auch fabrikmäßig hergestellt als *Pasta secca* in unterschiedlicher Qualität zu kaufen. Sie bestehen aus Hartweizengrieß oder aus Hartweizengrieß mit Weizenmehl, vermischt mit frischen Eiern und püriertem Spinat.

Rezept für Tagliatelle verdi alla bolognese siehe Seite 206.

Tagiolini • Taglierini

Sehr schmale Bandnudeln aus griffigem Weizenmehl und Eiern

Breite: 3–3,5 mm
Länge: unterschiedlich
Kochzeit al dente: 2–3 Minuten
Ursprungsregion: Emilia

Die schmalsten unter den hausgemachten Eierbandnudeln sind auch die feinsten. Darum passen edle *sughi* aus Bratensaft, Zutaten wie Geflügelleber, Morcheln, Meeresfrüchte oder junge Frühlingsgemüse besonders gut. Und wer Pasta mit Kaviar oder *bottarga* (getrockneter Rogen von Meeräsche oder Thunfisch) genießen will, der sollte hausgemachte *tagiolini* oder *taglierini* dazu nehmen.
Tagiolini gibt es immer häufiger auch bei uns als fertige Eierteigwaren in unterschiedlicher Qualität zu kaufen.

Tajarin

Schmale Bandnudeln aus griffigem Weizenmehl und vielen Eiern

Breite: 2–3 mm
Länge: unterschiedlich
Kochzeit al dente: 1–2 Minuten
Ursprungsregion: Piemont

Es gibt so gut wie keine andere hausgemachte Pasta, die so viele Eigelbe enthält wie die *tajarin* – 20 bis 30 Stück sind keine Seltenheit. Die Nobel aus Piemont scheint gera-dewegs für die edlen weißen Trüffeln von Alba geschaffen worden zu sein. Die *tajarin* werden in der Saison der weißen Trüffeln mit Butter, Sahne und Parmesan vermischt, bevor man zum Schluss die intensiv duftenden Trüffelscheiben direkt auf den Teller hobelt. Außerhalb der Trüffelzeit sind Geflügelleber, Bratensaft, Pilze oder eine Nusssauce eine beliebte Begleitung. *Tajarin* gibt es auch fabrikmäßig hergestellt als *Pasta secca* bei uns zu kaufen.

Rezept für Tajarin (Tagliatelle) con tartufo bianco siehe Seite 184.

Trofie

Kleine Gnocchi aus Weizenmehl, Kleie und Wasser oder aus Kastanienmehl

Länge: 3 cm
Kochzeit al dente: 5–7 Minuten
Ursprungsregion: Ligurien

Die festen *trofie* gehen mit dem ligurischen *pesto* aus Olivenöl, Pinienkernen, geriebenem Käse und viel Basilikum eine ideale Geschmacksverbindung ein. Aber auch weitere heimische *sughi* aus Olivenöl und Walnüssen oder nur aus Olivenöl und scharfen Pfefferschoten zum Beispiel passen gut dazu und ergeben mal einen ganz anderen Nudelgenuss. *Trofie* gibt es auch fabrikmäßig hergestellt als *Pasta secca* bei uns zu kaufen.

Cannelloni

Quadratische Nudelblätter
aus griffigem Weizenmehl und Eiern

Größe: Quadrate von 10 cm Durchmesser
Kochzeit al dente: je nach Größe 4–5 Minuten
Ursprungsregion: Piemont

Die gekochten Nudelblätter werden mit den verschiedensten Füllungen bestrichten, aufgerollt und mit einer Béchamelsauce übergossen im Ofen überbacken. *Cannelloni* gibt es auch als *Pasta secca* zu kaufen – als Teigblätter sowie als fertige Röllchen, in die man dann mit Hilfe eines Spritzbeutels die Füllung hineingibt.

Lasagne • Lasagne verdi

Große, rechteckige Nudelblätter aus Weizenmehl und Eiern, die Lasagne verdi haben außerdem einen Anteil an püriertem Spinat

Ursprungsregion: Emilia-Romagna

Die großen Pastastreifen oder -vierecke werden in Salzwasser fast gar gekocht und dann schichtweise mit einem Fleischragout mit Tomaten oder mit Gemüse und Käse in eine Form gelegt, mit Béchamelsauce übergossen und im Ofen überbacken. *Lasagne* gibt es auch als *Pasta secca*, und zwar in zwei Ausführungen:

1. vorbehandelt, so dass die Teigblätter ohne Kochen direkt mit der Füllung in die Form gegeben werden können und
2. als Nudelblätter, die genauso wie die frischen erst vorgekocht werden müssen.

Die zweite Art gefällt mir besser, weil das Lasagnegericht dann weicher und saftiger wird.

Rezept für Lasgne verdi al forno siehe Seite 177.

Pasta ripiena

Pasta ripiena
Gefüllte Eiernudeln

Den Inbegriff italienischer Nudelkunst stellen die zahllosen köstlichen Spezialitäten aus gefüllten Eiernudeln, die *Pasta ripiena,* dar. Aus der *sfoglia,* dem ausgerollten Nuselteig, werden mit Teigrädchen, Förmchen oder scharfen Messern runde, eckige, längliche oder halbmondartige Teigstücke ausgeschnitten, die als zarte Hülle für die unterschiedlichsten Füllungen dienen. Die traditionellen Rezepte dieser Füllungen sind meist regionaler Herkunft und sowohl von der Küche der Adelshäuser als auch von bäuerlichen Elementen beeinflusst. Außerdem sorgt die Kreativität junger Köche für immer neue raffinierte Farcen.

Die äußeren Formen der gefüllten Nudelteigtaschen haben sich dagegen im Laufe der Jahrhunderte kaum geändert. Sie reichen von winzigen *tortellini,* deren Herstellung besonders geschickter Hände bedarf, über die hütchenförmigen *cappelletti* bis hin zu handtellergroßen *ravioli,* deren Füllung aus den Resten des sonntäglichen Festbratens zubereitet wird. Mit den Namen der Teigtaschen nimmt man es allerdings nicht immer so genau. Dreieckige, viereckige, längliche oder runde Teigtaschen können durchaus die gleiche Füllung enthalten und doch in den verschiedenen Regionen jeweils anders heißen. Das macht die Unterscheidung manchmal etwas schwierig.

Gefüllte Nudelteigtaschen schmecken am besten, wenn sie wenige Stunden nach der Herstellung in den Kochtopf kommen. Auch bei uns kann man in italienischen Geschäften und in den verschiedensten Feinkostabteilungen kochfertige handgemachte *Pasta ripiena* kaufen. Da heißt es wieder ausprobieren, bei welchem Hersteller die Füllung am delikatesten und die Nudelteighülle am dünnsten und frischesten ist. Zu Hause werden die gefüllten Teigtaschen in reichlich Salzwasser *al dente* gekocht (sie sind meistens gar, wenn sie nach oben steigen) und gut abgetropft. Oft werden sie nur in zerlassener Butter, mit einigen Salbeiblättern vermischt, geschwenkt und mit frisch geriebenem Parmesan bestreut, um ihren Geschmack voll zur Geltung zu bringen. Übrigens: Wenn Sie auf Reisen in Italien sind, sollten Sie unbedingt die regionalen Spezialitäten probieren, die in jedem Restaurant unter *primi piatti* auf der Speisekarte stehen.

Ungefüllt sind Nudelblätter für *lasagne* und *cannelloni*, die man nach dem Kochen mit einer Füllung nach eigenem Rezept überbäckt. Es gibt sie auch *pre-cooked*, dann sind sie so weit vorbereitet, dass sie direkt aus der Packung zwischen die Füllung gelegt werden können. Bei dieser Methode bleibt aber leicht ein Nudelstückchen trocken.

Pasta ripiena, in fabrikfertigen Packungen angeboten oder auch tiefgekühlt, kann frische gefüllte Nudelteigtaschen nicht ersetzen.

Agnolini • Anolini

Kleine Nudelteigtaschen mit gezacktem Rand aus griffigem Weizenmehl und Eiern

Ursprungsregion: Mantua, Emilia

Die Füllung der kleinen Teigtaschen besteht meistens aus einer dicken Schmorbratensauce – oft werden die sonntäglichen Bratenreste dazu verwendet. Aber es gibt die verschiedensten Füllungen, ich besitze ein altes italienisches Kochbuch, in dem die Füllung aus Pferde- und Eselsfleisch besteht. Besonders beliebt sind die *agnolini* in einer Fleischsuppe aus Hühner- und Rindfleisch oder in Butter und Salbeiblättern geschwenkt und mit Parmesan bestreut.

Agnolotti alla piemontese al plin

Runde oder viereckige kleine Nudeltaschen mit gewelltem Rand aus griffigem Weizenmehl und Eiern

Ursprungsregion: Piemont

Agnolotti mit ihren verschiedenen Füllungen sind in ganz Italien beliebt. *Agnolotti al plin* gibt es nur im Piemont, sie haben einen mit Daumen und Zeigefinger eingedrückten Rand – *plin* heißt Falte. Die üppige Füllung der etwa 3 cm großen Teigtaschen besteht aus Bratenresten, Kalbshirn, Mangold, Eiern und Parmesan, und zur Trüffelzeit sind manchmal auch kleine Stückchen Trüffel dabei. Die gegarten *agnolotti* werden mit zerlassener Butter, mit einigen Salbeiblättchen vermischt, übergossen und mit Parmesan bestreut oder mit reinem Bratensaft übergossen serviert.

Agnolotti verdi

Viereckige Nudelteigtaschen aus griffigem Weizenmehl, Eigelb und püriertem Spinat

Ursprungsregion: Aostatal

Nur mit dem echten, sanft schmelzenden Fontina aus dem Aostatal gelingt die cremige Füllung der etwa 4 cm großen *agnolotti verdi*. Sie werden mit in Butter geschwenkten Salbeiblättern übergossen. In der Trüffelzeit werden gerne rohe weiße Trüffelscheiben darüber gehobelt.
Agnolotti verdi alla genovese sind nicht grün, sondern weiß, haben aber eine grüne Füllung aus Kalbfleisch, Spinat und Kräutern.

Rezept für Agnolotti verdi d'Aosta siehe Seite 208.

Cappellacci alla ferrarese

Runde größere Nudelteigtaschen aus griffigem Weizenmehl und Eiern mit gewelltem Rand

Ursprungsregion: Ferrara

Die Füllung der Teigtaschen nach Art von Ferrara besteht aus Kürbisfleisch, Amaretti, Parmesan, Ei und Semmelbröseln. Die *cappellacci* werden entweder in zerlassener Butter geschwenkt oder mit einem Tomatensugo übergossen und mit geriebenem Parmesan bestreut.

Cappelletti

Hütchenförmige Nudelteigtaschen aus griffigem Weizenmehl und Eiern

Ursprungsregion: Emilia-Romagna

Dreieckige gefüllte Teigtaschen werden an zwei Enden so zusammengedrückt, dass ein *cappelletto*, ein Hütchen, in der Form entsteht, wie es die italienischen Gebirgsjäger tragen. Die Füllung besteht aus einer Mischung aus Bratenresten, Schinken und Parmesan. Die *cappelletti* werden entweder in einer Fleischbrühe oder mit zerlasssener Butter und geriebenem Parmesan serviert. *Cappelletti di magro* (fleischlos) sind mit verschiedenen Käsesorten gefüllt.

Rezept für Cappelletti con prosciutto siehe Seite 210.

Casonsei alla bergamasca

Längliche gebogene Nudelteigtaschen aus griffigem Weizenmehl und vielen Eiern

Ursprungsregion: Bergamo, Brescia

Casonsei ist ein Dialektausdruck für Höschen. Die originellen Teigtaschen mit dem gezackten Rand füllt man mit einer Farce aus Bratwurstfleisch, geriebenem Parmesan und Semmelbröseln. Nach einigen Rezepten kommen noch kandierte Früchte oder Spinat unter die Füllung. Die *casonsei* werden nur mit zerlassener Butter übergossen und mit Parmesan bestreut angerichtet.

Casonsei della Valle Camonica

Kunstvoll geflochtene Nudelteigstreifen aus griffigem Weizenmehl und Eiern

Ursprungsregion: Lombardei

Die Zubereitung dieser besonders hübsch aussehenden *casonsei* bedarf einer gewissen Geschicklichkeit. Die Füllung wird auf länglich ausgerollte Teigblätter gelegt, der Rand in Streifen geschnitten und diese wiederum über der Füllung verflochten. Die Füllung besteht aus Mortadella, Bratwurstfleisch, Spinat oder Kräutern, Zwiebeln, etwas Knoblauch und Semmelbröseln. Zum Anrichten wendet man die wohlschmeckenden *casonsei* in zerlassener Butter und streut Parmesan darüber.

Cassunziei ampezzani

Halbmondförmige, gefüllte Teigtaschen aus Weizenmehl und Eiern

Ursprungsregion: Venetien, Triest

Saftig und appetitlich ist die rote Füllung der halbmondförmigen Teigtaschen aus *bietole rosse*, roten Beeten, geräucherter Ricotta, Butter und Ei. Dazu passt gut der Geschmack von geriebenem Käse, zerlassener Butter und Mohn, mit deren Gemisch sie beim Auftragen übergossen werden.

Cjalzons

Halbmondförmige Nudelteigtaschen aus griffigem Weizenmehl und Eiern

Ursprungsregion: Friaul, Julisch Venetien

Die Füllung der *cjalzons* ist süß: Semmelbrösel, Schokolade, Ricotta, Apfel oder Birnen, Zimt und weitere Gewürze sind hier zu einer Mischung vereinigt, auf die man vorbereitet sein muss, wenn man sie zum ersten Mal versucht. Die Teigtaschen werden in zerlassener Butter geschwenkt und mit zerriebenem Ricotta oder mit Mohn bestreut.

Marubini • Rosette

Runde Nudelteigtaschen aus griffigem Weizenmehl und Eiern mit gewellltem Rand

Ursprungsregion: Cremona, Lombardei

Die lombardischen *marubini* sind mit einer gehaltvollen Mischung aus verschiedenen Bratenresten gefüllt, die man vor Ort beim Metzger fertig kaufen kann. Die Teigtaschen werden in einer Fleischbrühe gekocht, in der sie auch serviert werden. Geriebener Parmesan gehört dazu.
Wegen ihrer dekorativen Form mit dem gewellten Rand werden die *marubini* auch *rosette* genannt.

Mezze lune alla siciliana

Halbmondförmige Teigtaschen aus griffigem Weizenmehl, Eiern und etwas Olivenöl

Ursprungsregion: Sizilien

Die halbmondförmigen sizilianischen Teigtaschen haben eine besonders saftige Füllung aus Auberginen, Zucchini, Ricotta und Ziegenkäse. Sie werden mit einem Sugo aus roten Paprikaschoten übergossen.

Pansoti • Panzarotti

Dreieckige oder rechteckige Nudelteigtaschen aus griffigem Weizenmehl, wenig Weißwein und Wasser

Ursprungsregion: Ligurien

Die Füllung kann man eigentlich nur in Ligurien zubereiten, weil man allein dort auf den Märkten die erforderliche Kräutermischung *preboggion* erhält, eine Vielzahl typischer in dieser Region wachsender Wildkräuter. Sie werden für die Füllung mit Ricotta, geriebenem Parmesan und Eiern vermischt. Eine *salsa di noci*, eine Walnusssauce, gehört dazu. Wer durch Ligurien reist, sollte sich diese kleine Delikatesse nicht entgehen lassen.

Ravioli alla genovese

Quadratische Nudelteigtaschen aus griffigem Weizenmehl und Eiern, mit gezacktem Rand

Ursprungsregion: Genua, Ligurien

Es gibt unendlich viele Raviolirezepte, aber die echten *ravioli alla genovese* sind 4 cm groß und haben eine Füllung von Kalbsbraten, Kalbsbrust, Kalbshirn und Kalbsmilch, vielen ligurischen Kräutern, Eiern und Parmesan. Als Sugo vermischt man einen gehaltvollen Bratensaft mit den Ravioli und reibt frischen Parmesan darüber.
Als *Pasta secca* in Packungen habe ich noch keine guten Ravioli kennen gelernt, weswegen die einzige Alternative zu frisch zubereiteten Ravioli die Verwendung tiefgekühlter, aber ebenfalls hausgemachter (und noch nicht gekochter) Ravioli ist.

Ravioli verdi di magro

Quadratische Nudelteigtaschen aus griffigem Weizenmehl, püriertem Spinat und Eiern

Ursprungsregion: Ligurien

Die Füllung der 4–5 cm großen grünen *ravioli* besteht aus Ricotta, Spinat oder Mangold, Eigelb und Parmesan. Sie werden mit zerlasssener Butter, mit einigen Salbeiblättern vermischt, übergossen und mit Parmesan bestreut.

Ravioli aperti • Fazzoletti • Stracci

Große runde oder viereckige Nudelteigblätter aus griffigem Weizenmehl und Eiern

Ursprungsregion: Norditalien

Die etwa 10 cm großen Teigblätter werden einzeln in Salzwasser gegart, und jeweils eines davon wird auf einen vorgewärmten Teller gelegt. Darüber kommt ein Sugo mit besonders edler Einlage wie zum Beispiel Hummerfleisch, Garnelen, Jakobsmuscheln, Spargelspitzen oder Morcheln – hier hat jeder gute Koch sein Spezialrezept. Das zweite Teigblatt wird darüber gelegt und mit salbeigewürzter, zerlassener Butter übergossen.

Die Teigblätter für die *ravioloni aperti* werden auch *fazzoletti,* Taschentücher, oder *stracci,* Fetzen, genannt.

Tacconi

Breite kurze Nudelteigbänder aus griffigem Weizenmehl und Wasser, mit und ohne Eizugabe

Durchmesser: 3 cm breit, 5 cm lang
Kochzeit: 4 – 5 Minuten
Ursprungsregion: Toskana, Umbrien, Marken

Die *tacconi* sind etwa ein Drittel so groß wie Lasagneblätter. Sie werden in Lucca mit einem Kaninchenragout, mit Zimt und Nelken gewürzt angerichtet, in den Marken und Umbrien ist ein kräftiges *ragù* aus Hackfleisch, Pilzen und Tomaten besonders beliebt. Geriebener Parmesan gehört dazu.

Tortelli dei Farnese

Ovale oder runde Nudelteigtaschen aus griffigem Weizenmehl, Eiern und etwas Olivenöl mit einem Schmuckrand

Ursprungsregion: Piacenza

Die Füllung der zarten, 5 cm langen bzw. großen *tortelli* besteht aus Mascarpone, Ricotta, Spinat, Parmesan und Ei. Wie bei den meisten gefüllten Teigtaschen wird nur zerlassene Butter, mit Salbeiblättern gewürzt, darüber gegossen und alles mit geriebenem Parmesan bestreut.

Rezept für Tortelli dei Farnese siehe Seite 212.

Tortelli di zucca

Halbmondförmige oder längliche größere Teigtaschen aus griffigem Weizenmehl und Eiern

Ursprungsregion: Mantua, Lombardei

Die Füllung der *tortelli di zucca* ist leicht süßlich. Sie besteht aus Kürbisfleisch, geriebenen süßen *amaretti,* gehackten Senffrüchten aus Cremona und geriebenem *grana padano.* Sie werden nach dem Kochen in zerriebenen *amaretti* und zerlassener Butter geschwenkt.

Tortellini alla bolognese

Winzige gefüllte Nudelteigringe aus griffigem Weizenmehl und Eiern

Ursprungsregion: Bologna, Emilia

Die Zubereitung der 3 cm kleinen Teigringe erfordert große Geschicklichkeit. Die üppige Füllung besteht aus Puten- oder Hühnerfleisch, Schweinefleisch, Schinken, Mortadella, Eiern und Parmesan. Sie werden in einer kräftigen Fleischbrühe serviert. Es heißt, wenn die *tortellini* die richtige Größe haben, müssten 15 auf einen normalen Suppenlöffel passen.

Tortelloni romagnoli

Größere, halbmondfrömige Nudelteigtaschen mit gezacktem Rand aus griffigem Weizenmehl, Wasser und Eiern

Ursprungsregion: Romagna

Die Füllung der 4 cm breiten romagnolischen *tortelloni* besteht aus Bratwurstfleisch, Speck und Spinat oder Blättern von roten Rüben. Manchmal fügt man dieser herzhaften Füllung noch frische Pilze hinzu. Die *al dente* gegarten *tortelloni* werden in einem mit Sahne vermischten Tomatensugo geschwenkt.

Türteln

Viereckige Nudelteigtaschen aus Roggenmehl, etwas Butter und Milch mit Eizusatz

Ursprungsregion: Südtirol, Trentino

Die *Türteln* werden in der italienischen Küche noch unter der Rubrik *ravioli* geführt, obwohl sie mehr einer österreichischen Mehlspeise gleichen. Die Füllung besteht aus Spinat oder aus Sauerkraut, geriebenem Käse und Kümmel. Sie werden in Schmalz oder Olivenöl ausgebacken und sollten ganz heiß gegessen werden.

Pastaklassiker

Rezepte

Fusilli alla vesuviana

Fusilli mit Tomaten, Auberginen und Paprika

400 g Fusilli, 40 g Salz

1 kg reife, saftige Tomaten, 1 gelbe Paprikaschote,
1 Aubergine, 3 Knoblauchzehen,
10 EL Olivenöl extra vergine,
4 gewässerte Sardellen, 1 EL Kapern
(möglichst in Salz eingelegt), 12 Basilikumblätter,
12 schwarze entsteinte Oliven, Salz
50 g frisch geriebener Pecorino oder Caciocavallo

Die Tomaten mit kochendem Wasser überbrühen, die Haut abziehen, entkernen und in Stücke schneiden. Auf einem Sieb abtropfen lassen. Die Paprikaschote im heißen Backofen so lange erhitzen, bis die Haut platzt und sich abziehen lässt. Das Stielende abschneiden, die Samenkerne entfernen und die Paprika in Streifen schneiden.

Die Aubergine in Scheiben und dann in Würfel schneiden. Die Knoblauchzehen schälen. Das Olivenöl in einer hochwandigen Pfanne oder Kasserolle erhitzen, die Knoblauchzehen darin hellgelb braten und wieder herausnehmen. Die Auberginenwürfel in dem Olivenöl hellgelb braten, die Tomaten hinzufügen und den Sugo etwas einkochen lassen. Dann die fein geschnittenen Sardellen, die gewaschenen Kapern und die Paprikastreifen hinzufügen und bei leichter Hitze 10 weitere Minuten schmoren lassen.

Die Fusilli nach den »Goldenen Regeln des Pastakochens« (siehe Seite 43) sowie den Angaben der Kochzeit auf der Packung *al dente* kochen. Rechtzeitig Probenudel entnehmen. Auf einen Durchschlag schütten und abtropfen lassen.

Die Basilikumblätter in Streifen schneiden und mit den Oliven an den Sugo geben. Mit Salz abschmecken. Die Fusilli zu dem Gemüse in der Pfanne geben und alles miteinander bei leichter Hitze 1 bis 2 Minuten mit zwei Gabeln vermischen. Von der Kochstelle nehmen und den Käse hinzufügen.

Spaghetti con aglio, olio e peperoncino

Spaghetti mit Knoblauch, Öl und scharfen Pfefferschoten

400 g Spaghetti, 40 g Salz

6 EL Olivenöl extra vergine, 4 Knoblauchzehen, ein kleines Stückchen scharfe Pfefferschote (Peperoncino), 1 EL gehackte Petersilie

Die Spaghetti nach den »Goldenen Regeln des Pastakochens« (siehe Seite 43) und den Angaben der Kochzeit auf der Packung *al dente* kochen.

In dieser Zeit für die Sauce das Olivenöl in einer hochwandigen Pfanne oder Kasserolle erhitzen sowie die in hauchdünne Scheiben geschnittenen Knoblauchzehen und die in feine Stückchen geschnittene Pfeffer-schote darin anbraten, bis der Knoblauch hellgelb ist. Mit 3 Esslöffeln Nudelkochwasser aufgießen und weitere 5 Minuten schmoren lassen.

Die Spaghetti auf einen Durchschlag schütten und gut abtropfen lassen. Sofort in die Pfanne mit dem kochend heißen Öl geben. Bei leichter Hitze unter Wenden der Spaghetti mit zwei Holzgabeln 2 bis 3 Minuten durchziehen lassen. Zum Schluss die Petersilie untermischen. Zu diesem Gericht gehört kein Käse.

Spaghetti sciuè-sciuè

Spaghetti mit Tomaten und Basilikum

400 g Spaghetti, 40 g Salz

1 kg reife, süße Tomaten, 6 EL Olivenöl extra vergine, 10 Blättchen frisches Basilikum, Salz, schwarzer Pfeffer, 60 g frisch geriebener Parmesan

Die Tomaten mit kochendem Wasser überbrühen, die Haut abziehen, entkernen und in Stücke schneiden. Die Hälfte des Olivenöls in einer hochwandigen Pfanne erhitzen, die Tomaten hinzufügen und einkochen lassen.

Inzwischen die Spaghetti nach den »Goldenen Regeln des Pastakochens« (siehe Seite 43) sowie den Angaben der Kochzeit auf der Packung *al dente* kochen. Rechtzeitig Probenudel entnehmen. Auf einen Durchschlag schütten und gut abtropfen lassen. Die Tomatensauce mit den grob geschnittenen Basilikumblättern, Salz und frisch gemahlenem Pfeffer abschmecken.

Die *al dente* gekochten Spaghetti in die Pfanne mit den Tomaten geben. 1 bis 2 Minuten alles miteinander bei leichter Hitze vermischen. Von der Kochstelle nehmen. Das restliche Olivenöl sowie die Hälfte des Käses hinzufügen und gut durchmischen. Den restlichen Parmesan getrennt dazu reichen.

Vermicelli alle vongole veraci in rosso

Vermicelli mit Venusmuscheln und Tomaten

400 g Vermicelli, 40 g Salz

1 kg Venusmuscheln, 8 EL Olivenöl extra vergine,
2 Knoblauchzehen, 5 große reife Tomaten,
1 EL gehackte Petersilie,
Salz, frisch gemahlener Pfeffer

Die Venusmuscheln unter fließendem Wasser gründlich schrubben und dann waschen. Die bereits geöffneten Muscheln wegwerfen.

In einer großen Pfanne die Hälfte des Olivenöls erhitzen und die Muscheln darin dünsten, bis sie sich geöffnet haben. Muscheln, die sich nicht geöffnet haben, wegwerfen. Entweder die Muscheln des appetitlichen Aussehens wegen in der Schale lassen oder das Muschelfleisch aus den Schalen lösen. Das Muschelwasser durch ein sehr feines Sieb geben, damit der Sand zurückbleibt, und etwas einkochen lassen.

Die Tomaten mit kochendem Wasser überbrühen, die Haut abziehen, entkernen und in Stücke schneiden. Auf einem Sieb abtropfen lassen. Das restliche Olivenöl in einer hochwandigen Pfanne oder Kasserolle erhitzen und die abgezogenen, in Scheiben geschnittenen Knoblauchzehen darin goldgelb braten. Die Tomaten hinzufügen, salzen und 3 bis 4 Minuten einkochen lassen. Der Sugo soll eine cremige Beschaffenheit haben. Das ausgelöste Muschelfleisch und die Petersilie untermischen.

Inzwischen die *Vermicelli* nach den »Goldenen Regeln des Pastakochens« (siehe Seite 43) sowie den Angaben der Kochzeit auf der Packung *al dente* kochen. Rechtzeitig Probenudel entnehmen. Auf einen Durchschlag schütten, gut abtropfen lassen und sofort in die Pfanne mit den Muscheln geben. Gründlich vermischen und mit grob gemahlenem Pfeffer abschmecken.

TIPP

»Vermicelli in bianco« werden ohne Tomaten zubereitet, dafür kommen 6 Esslöffel trockener Weißwein an den Sugo und ein par Safranfäden.

Bigoli con salsa d'anatra

Bigoli mit Entensauce

Teig: 350 g Vollkornmehl, 30 g Butter,
3 Eier, Salz, etwas Milch
Zum Kochen der Pasta: 1 EL Öl, 30 g Salz

1 Ente mit Leber, 1/2 l Rotwein, 1/2 Bund Suppengrün,
1 Zwiebel, einige Pfefferkörner, Salz, 100 g Zucchini,
100 g Karotten, 2 EL Olivenöl extra vergine,
50 g Butter, 50 g entkernte schwarze Oliven

Aus Vollkornmehl, weichen Butterflöckchen, Eiern, Salz und etwas Milch einen glatten Nudelteig zubereiten (siehe Seite 122) und mit einem feuchten Tuch bedeckt 20 Minuten ruhen lassen.

Die Brust der Ente vorsichtig von den Knochen lösen und die Haut abziehen, die Keulen separat verwenden. Das Entenklein und das Skelett der Ente mit dem Rotwein und 1/4 l Wasser übergießen. Das geputzte Suppengrün, die Zwiebel, einige Pfefferkörner und Salz hinzufügen und im offenen Topf etwa eine Stunde kochen lassen. Die Flüssigkeit soll auf 1/8 l eingekocht sein.

Zucchini und Karotten in streichholzdünne Streifen schneiden. In kochendem Salzwasser kurz blanchieren und auf ein Sieb geben.

Den Pastateig in 2 bis 3 Teile schneiden und mit Hilfe einer Pastamaschine oder mit einem Nudelholz messerrückendick ausrollen. Die Teigblätter zusammenrollen und mit einem scharfen Messer in 3 mm breite Bigoli schneiden. Wieder auseinander rollen und etwas antrocknen lassen.

Das Olivenöl erhitzen und die Entenbrust darin unter Wenden etwa 20 Minuten braten, sie soll innen noch rosa sein. Salzen. Erkalten lassen und ebenfalls in feine Streifen schneiden. Die Entenleber zerdrücken und in der durch ein Sieb passierten Entenbrühe kurz aufkochen. Die Butter in Flöckchen hinzufügen. Die Oliven in Streifen schneiden und mit dem Entenfleisch und dem Gemüse an den Sugo geben. Kurz erhitzen.

Drei Liter Wasser mit 1 Esslöffel Öl und 30 g Salz in einem hochwandigen Topf zum Kochen bringen und die Pasta hineingeben. In wenigen Minuten *al dente* kochen. Auf ein Sieb schütten und gut abtropfen lassen. Vor dem Abgießen Probenudel entnehmen. In einer vorgewärmten Schüssel anrichten und mit dem köstlichen Entensugo vermischen. Man gibt häufig noch etwas Saft von einem frischen Granatapfel an dieses noble Gericht.

Trenette al pesto alla genovese

Genueser Spaghetti mit Basilikum, Olivenöl und Nusssauce

400 g Trenette, 40 g Salz
2 Kartoffeln, 50 g ganz zarte kleine grüne Bohnen

Pesto: 1 Handvoll Pinienkerne,
1 Handvoll frische Basilikumblätter (24 bis 32 Stück),
4 Knoblauchzehen, 10 g grobes Meersalz, 30 g Parmesan,
30 g Pecorino, 8 EL Olivenöl extra vergine

Die Pinienkerne trocken im Backofen hellgelb rösten, abkühlen lassen und grob hacken. Die gewaschenen, abgetrockneten Basilikumblätter mit einer Schere in breite Streifen schneiden. Die Knoblauchzehen abziehen und in Stücke schneiden.

Die Knoblauchzehen und die Pinienkerne mit dem Stößel im Mörser zerstoßen. Dann die Basilikumblätter hinzufügen und während des Stampfens immer etwas Salz hinzufügen, damit das Grün der Blätter erhalten bleibt.

Wenn diese Zutaten vermischt sind, nach und nach den in Bröckchen zerteilten Käse in den Mörser geben, am besten immer mit dem Stößel gegen den Rand des Mörsers drücken, damit er ganz zerstoßen wird. Dann unter Rühren mit einem Holzlöffel nach und nach das Olivenöl hinzufügen, es soll eine cremige Masse entstehen. Der *pesto* soll etwas durchziehen.

Die Kartoffeln schälen und in kleine Würfel schneiden, die Bohnen in Stückchen brechen. Beides in 4 l gesalzenem Wasser 5 Minuten kochen lassen, dann die Pasta hinzufügen. Die Trenette zusammen mit den Kartoffeln und Bohnen nach den »Goldenen Regeln des Pastakochens« (siehe Seite 43) sowie den Angaben der Kochzeit auf der Packung *al dente* kochen. Rechtzeitig Probenudel entnehmen. Auf einen Durchschlag schütten und abtropfen lassen, etwas Nudelwasser aufheben.

Den *pesto* mit 2 bis 3 Löffeln Nudelwasser geschmeidig machen. Die *al dente* gekochten Trenette in eine vorgewärmte Schüssel geben und gründlich mit dem duftenden *pesto* ver-mischen. Sofort auftragen.

Bucatini all'amatriciana

Bucatini mit Schweinebacke und Tomaten

400 g Bucatini, 40 g Salz

100 g geräucherte Schweinebacke oder
durchwachsener Speck, 1 kleine Zwiebel,
250 g reife Tomaten, 2 EL Olivenöl extra vergine,
1 kleines Stück rote Pfefferschote (Peperoncino), Salz
60 g frisch geriebener Pecorino

Schweinebacke oder Speck und die Zwiebel in Würfel schneiden. Die Tomaten mit kochendem Wasser überbrühen, die Haut abziehen, entkernen und in Stücke schneiden. Auf einem Sieb abtropfen lassen.

Das Öl in einer hochwandigen Pfanne oder Kasserolle erhitzen und Speck- und Zwiebelwürfel darin glasig braten. Die Tomatenstücke und die Pfefferschote hinzufügen, salzen und in 10 bis 15 Minuten weich schmoren. In dieser Zeit die Bucatini nach den »Goldenen Regeln des Pastakochens« (siehe Seite 43) sowie den Angaben der Kochzeit auf der Packung *al dente* kochen. Rechtzeitig Probenudel entnehmen. Auf einen Durchschlag schütten und gut abtropfen lassen. Die Pfefferschote aus dem Tomatensugo herausfischen und, wenn gewünscht, den Sugo entfetten.

Die Bucatini mit der Hälfte des Sugo und der Hälfte des Pecorino in einer vorgewärmten Schüssel vermischen. Den Rest des Sugo und den restlichen Käse getrennt dazu reichen.

Lasagne verdi al forno

Überbackene grüne Lasagne

Teig: 400 g Weizenmehl, 2 Eier, 1 EL Olivenöl extra vergine,
200 g gekochter, pürierter Spinat
oder 250 g fabrikmäßig hergestellte grüne Lasagneblätter
Zum Kochen der Pasta: 1 EL Olivenöl, Salz

Ragù: 40 g Speck, 1 Zwiebel, 1 Karotte,
1 Stange Staudensellerie, 100 g Schweinefleisch,
100 g Rindfleisch, 100 g roher Schinken, 100 g Butter,
1 EL Tomatenmark, Oregano, Rosmarin,
1/4 l Fleischbrühe, 1/8 l Rotwein, 1/8 l Sahne,
100 g Hühnerleber, Salz, Pfeffer

Béchamelsauce: 50 g Butter, 50 g Mehl,
1/2 l Milch, Salz, Muskat

100 g frisch geriebener Parmesan

Aus Mehl, Eiern, Olivenöl und Spinat einen glatten Nudelteig zubereiten (siehe Seite 122) und mit einem feuchten Tuch bedeckt 20 Minuten ruhen lassen.

Inzwischen das *ragù* zubereiten: Speck, Zwiebel und Karotte in kleine Würfel schneiden, die Selleriestange in kleine Scheibchen. Fleisch und Schinken in einer Küchenmaschine zerkleinern. Die Speckwürfel in 50 g Butter glasig braten. Zwiebelwürfel und Gemüse hinzufügen und etwas anschwitzen. Das Fleisch zu dem Speck-Gemüse-Gemisch geben, ebenfalls durchbraten und das Tomatenmark, eine Löffelspitze Oregano und 1 Zweiglein Rosmarin dazugeben. Salzen und pfeffern. Mit der Fleischbrühe und dem Wein aufgießen. Im geschlossenen Topf etwa 40 Minuten kochen lassen, dabei hin und wieder umrühren.

Den Nudelteig in 2 bis 3 Teile schneiden und mit Hilfe einer Pastamaschine oder mit einem Nudelholz 3 mm dick ausrollen. Den ausgerollten Teig mit einem scharfen Messer in 8 cm große Quadrate schneiden.

In einem großen, flachen Topf reichlich Wasser mit 1 Esslöffel Öl zum Kochen bringen, salzen und die Teigblätter darin portionsweise in 4 bis 6 Minuten knapp *al dente* kochen. Mit einem Schaumlöffel herausnehmen. In einer Schüssel mit kaltem Wasser abkühlen lassen. Fabrikmäßig hergestellte Lasagneblätter werden ungekocht verwendet.

Das *ragù* mit der heißen Sahne aufgießen und so lange durchkochen lassen, bis die Sahne ganz aufgenommen ist. Die klein geschnittene Hühnerleber an das *ragù* geben und zweimal aufkochen lassen.

Für die Béchamelsauce die Butter zerlassen, das Mehl hinzufügen und hellgelb rösten. Nach und nach die Milch hinzugießen und die Sauce 10 Minuten unter Rühren kochen lassen. Mit Salz und frisch geriebenem Muskat abschmecken.

Die Lasagneblätter gut abtropfen lassen. Eine rechteckige Auflaufform gut einfetten. Den Boden der Form mit nebeneinander gelegten Lasagneblättern auskleiden. Mit einer dünnen Schicht von dem *ragù* bestreichen und einige Löffel Béchamelsauce darüber gießen. Mit etwas frisch geriebenem Parmesan bestreuen. Mit einer weiteren Schicht von Teigblättern belegen und wieder *ragù,* Béchamelsauce und Parmesan darüber füllen. So fortfahren, bis alle Teigblätter verbraucht sind. Den Abschluss bildet eine Schicht Béchamelsauce. Mit Butterflöckchen besetzen und mit dem restlichen Parmesan bestreuen.

Im vorgeheizten Backofen bei mittlerer Hitze (200 °C) in etwa 30 Minuten goldgelb backen. Fertig gekaufte Lasagne braucht etwa 50 Minuten Backzeit.

Perciatelli alla Norma

Perciatelli mit Auberginen und Ricotta

400 g Perciatelli, 40 g Salz

4 Auberginen, 12 EL Olivenöl extra vergine,
750 g reife Tomaten, 2 Knoblauchzehen,
1 kleine scharfe Pfefferschote (Peperoncino),
Salz, frische Basilikumblätter,
100 g gesalzener, frisch geriebener Ricotta
(sollte der Ricotta zu weich sein zum Reiben, kann man ihn im warmen Ofen etwas trocknen lassen)

Die gewaschenen und gut abgetrockneten Auberginen der Länge nach in Scheiben schneiden. 8 Esslöffel Olivenöl in einer hochwandigen Pfanne oder Kasserolle erhitzen, die Auberginenscheiben darin von beiden Seiten hellbraun braten. Aus dem Öl nehmen, abtropfen lassen und warm stellen.

Die Tomaten mit kochendem Wasser überbrühen, die Haut abziehen, entkernen und in Stücke schneiden. Auf einem Sieb abtropfen lassen.

Vier weitere Esslöffel Olivenöl in die Pfanne geben und erneut erhitzen. Die Knoblauchzehen und die Pfefferschote darin anbraten. Wenn die Knoblauchzehen goldgelb sind, beides herausnehmen.

Die Tomaten in das Öl geben, salzen und 20 Minuten schmoren lassen. Reichlich in Streifen geschnittene Basilikumblätter unter die Tomaten rühren.

Inzwischen die Perciatelli nach den »Goldenen Regeln des Pastakochens« (siehe Seite 43) sowie den Angaben der Kochzeit auf der Packung *al dente* kochen. Rechtzeitig Probenudel entnehmen. Auf einen Durchschlag schütten und gut abtropfen lassen.

Die heißen Perciatelli mit dem Tomatensugo und dem geriebenen Ricotta vermischen. Die Auberginenscheiben sternförmig auf der Pasta anrichten.

Pappardelle alla lepre

Pappardelle mit Hasenragout

Teig: 120 g Weizenmehl, 120 g Hartweizengrieß, 2 Eier, 1 Eigelb; oder 400 g sehr breite Bandnudeln (Pappardelle)

Zum Kochen der Pasta: 1 EL Olivenöl, 30 g Salz

1 junger Hase mit Hasenklein oder das Hasenklein von zwei Hasen, 100 g Hasen- oder Geflügelleber, 1 Stange Staudensellerie, 1 Karotte, 2 Zweiglein Thymian, 1/2 Lorbeerblatt, einige Pfefferkörner, 1/2 – 3/4 l guter kräftiger Rotwein, 6 EL Olivenöl extra vergine, Salz, Pfeffer, 1/2 Glas Milch oder Sahne, 2 EL frisch gehackte Petersilie, 40 g Butter

Den Hasen gleich beim Einkauf in Vorderläufe, Keulen, Rückenstücke und Bauchlappen zerlegen lassen und möglichst die Innereien mitgeben lassen.

Zwiebel, Sellerie und Karotte in Würfel schneiden. Das Hasenklein (bis auf die Leber) in eine Schüssel geben und mit den Gemüsewürfeln und den Gewürzen vermischen. Mit dem Rotwein übergießen – das Hasenklein soll ganz bedeckt sein – und über Nacht stehen lassen.

Am nächsten Tag Fleisch und Gemüse auf einem Sieb gut abtropfen lassen und mit Küchenpapier abtrocknen. Das Olivenöl in einem Schmortopf erhitzen, und Fleisch und Gemüse bei starker Hitze anbraten, bis es zu bräunen beginnt. Mit Salz und grob gemahlenem Pfeffer würzen. Mit dem Rotwein aufgießen und zugedeckt in 2 Stunden gar schmoren lassen.

Inzwischen aus Mehl, Hartweizengrieß und Eiern einen glatten Nudelteig zubereiten (siehe Seite 122) und mit einem feuchten Tuch bedeckt 20 Minuten ruhen lassen. Den Teig in 2 bis 3 Teile schneiden und mit Hilfe einer Pastamaschine oder mit einem Nudelholz messerrückendick ausrollen. Die Teigblätter zusammenrollen und in 2–3 cm breite Pappardelle schneiden. Wieder auseinander rollen und etwas antrocknen lassen.

Das Fleisch aus dem Topf nehmen, von den Knochen lösen und klein schneiden. Die Leber in Würfel schneiden und kurz in der Butter rosig braten. Den Bratensaft durch ein Sieb streichen, die Milch hinzufügen und die Sauce noch etwas einkochen lassen, sie soll sämig sein. Fleisch und Leber an den Sugo geben und kurz aufkochen lassen. Die Petersilie hinzufügen.

Drei Liter Wasser mit 1 Esslöffel Öl und 30 g Salz in einem hochwandigen Topf zum Kochen bringen und die Pappardelle darin in wenigen Minuten *al dente* kochen. Probenudel vor dem Abgießen entnehmen. Auf einen Durchschlag schütten und gut abtropfen lassen.

In den Schmortopf zum Hasenragout geben und 1 bis 2 Minuten alles miteinander bei leichter Hitze vermischen.

Tajarin con tartufo bianco

Tajarin mit weißen Trüffeln

Teig: 300 g Weizenmehl, 2 ganze Eier, 4 Eigelbe

Zum Kochen der Pasta: 1 EL Olivenöl, 30 g Salz

80 g Butter, 30 g frisch geriebener Parmesan,
1 frischer weißer Trüffel aus Alba (40 bis 60 g),
Pfeffer, Muskat

Aus Mehl und Eiern einen glatten Nudelteig zubereiten (siehe Seite 122) und mit einem feuchten Tuch bedeckt 20 Minuten ruhen lassen.
Den Teig in 2 bis 3 Teile schneiden und mit Hilfe einer Pastamaschine oder mit einem Nudelholz messerrückendick ausrollen. Die Teigblätter zusammenrollen und in 2–3 mm breite Bandnudeln schneiden. Wieder auseinander rollen und etwas antrocknen lassen.

Drei Liter Wasser mit 1 Esslöffel Öl und 30 g Salz in einem hochwandigen Topf zum Kochen bringen und die Tajarin darin in wenigen Minuten *al dente* kochen. Vor dem Abgießen Probenudel entnehmen. Auf einen Durchschlag schütten und gut abtropfen lassen. In eine vorgewärmte Schüssel geben.

In der Zubereitungszeit der Pasta den Trüffel unter fließendem Wasser kräftig bürsten, um ihn von anhaftender Erde zu befreien. Die Butter in einer kleinen Pfanne zerlassen. Den Parmesan hinzufügen und, wenn er zu schmelzen beginnt, mit frisch gemahlenem Pfeffer und geriebenem Muskat würzen.

Über die Tajarin gießen und Butter und Pasta gründlich vermischen. Auf vier vorgewärmte Teller geben und mit dem Trüffelhobel reichlich hauchdünne Trüffelscheiben über die Tajarin hobeln.

TIPP

Die hauchzarten Tajarin werden im Piemont nach den verschiedensten Familienrezepten mit viel Eigelb und wenigen ganzen Eiern zubereitet. Besonders viel Eiern natürlich, wenn sie mit weißen Trüffeln serviert werden. Aber auch mit einem herzhaften Fleischragout oder mit frischen Waldpilzen sind sie ein Hochgenuss.

Cannelloni alla piemontese

Überbackene Nudelrollen mit Fleisch-Spinat-Füllung

Teig: 400 g Weizenmehl, 4 Eier oder
12 fertig gekaufte Cannelloni

Zum Kochen der Pasta: 1 EL Olivenöl, Salz

Füllung: 300 g Bratenreste, 100 g gekochter Schinken,
400 g gekochter fein gehackter Spinat, 2 Eier,
50 g frisch geriebener Parmesan, Salz, Pfeffer

Béchamelsauce: 50 g Butter, 50 g Mehl, 1/2 l Milch,
Salz, Muskat, restlicher Bratensaft
Butter für die Form und für Flöckchen

50 g frisch geriebener Parmesan

Aus Mehl und Eiern einen glatten Nudelteig zubereiten (siehe Seite 122) und mit einem feuchten Tuch bedeckt 20 Minuten ruhen lassen.

Für die Füllung das Fleisch und den Schinken in einer Küchenmaschine fein hacken und mit dem abgetropften Spinat vermischen. Die leicht verschlagenen Eier und den frisch geriebenen Parmesan hinzufügen. Herzhaft mit Salz und Pfeffer abschmecken und zu einer festen Paste verarbeiten.

Den Nudelteig in 2 bis 3 Teile schneiden und mit Hilfe einer Pastamaschine oder mit einem Nudelholz 3 mm dick ausrollen. Mit einem scharfen Messer Quadrate von 10 cm Durchmesser ausschneiden. In einem großen Topf reichlich Wasser mit 1 Esslöffel Öl zum Kochen bringen, salzen und die Teigplatten darin portionsweise in 4 bis 6 Minuten knapp *al dente* kochen. Mit einem Schaumlöffel vorsichtig herausheben. In eine Schüssel mit kaltem Wasser zum Abkühlen geben. Fertig gekaufte Cannelloni werden ungekocht gefüllt.

In der Kochzeit der Pasta die Butter für die Béchamelsauce zerlassen, das Mehl hinzufügen und hellgelb rösten. Unter ständigem Rühren mit einem Schneebesen die Milch nach und nach dazugießen. Bei leichter Hitze unter Weiterrühren etwas einkochen lassen.

Die gut abgetropften Cannelloni auf eine Tischplatte legen, an einem Ende dicht mit der Füllung bestreichen und aufrollen. Bei fertig gekauften Cannelloni die Rollen mit einem Teelöffel oder einem Spritzbeutel füllen.

Eine feuerfeste flache Form mit Butter ausstreichen, und die Cannelloni mit der Schnittfläche nach unten nebeneinander in die Form legen. Die Béchamelsauce mit Salz und Muskat abschmecken und – wenn vorhanden – noch mit etwas Bratensaft verfeinern. Über die Cannelloni gießen. Mit Butterflöckchen besetzen und mit frisch geriebenem Parmesan bestreuen. Im vorgeheizten Backofen bei starker Mittelhitze (225 °C) in 15 bis 20 Minuten goldgelb backen.

Farfalle alle cinque verdure

Farfalle mit fünf Sorten Gemüse

400 g Farfalle, 40 g Salz

*1 rote Paprikaschote, 1 Zwiebel, 2 kleine Zucchini,
200 g reife Tomaten, 3 EL Olivenöl extra vergine,
1 EL Butter, 100 g junge Erbsen, Oregano,
Salz, Pfeffer*

*40 g frisch geriebener Parmesan,
1 EL gehackte Petersilie*

Die Paprikaschote über einer Gasflamme oder im heißen Backofen so lange erhitzen, bis die Haut platzt und sich abziehen lässt. Die Paprikaschote halbieren, und die anhaftenden Samenkörner entfernen. Die Zwiebel schälen, die Zucchini gründlich waschen. Das Gemüse in feine Streifen schneiden.

Die Tomaten mit kochendem Wasser überbrühen, die Haut abziehen, entkernen und in Stücke schneiden. Auf einem Sieb abtropfen lassen.

Olivenöl und Butter in einer hochwandigen Pfanne oder Kasserolle erhitzen, Zwiebel- und Zucchinistreifen darin anbraten und die Paprikastreifen hinzufügen. Zum Schluss die Tomatenstückchen und die jungen Erbsen in die Pfanne geben, mit Oregano würzen und mit Salz und Pfeffer abschmecken. Bei leichter Hitze 10 bis 15 Minuten schmoren lassen, das Gemüse soll noch *al dente* sein.

Inzwischen die Farfalle nach den »Goldenen Regeln des Pastakochens« (siehe Seite 43) sowie den Angaben der Kochzeit auf der Packung *al dente* kochen. Rechtzeitig Probenudel entnehmen. Auf einen Durchschlag schütten und gut abtropfen lassen.

Die Farfalle zu dem Gemüse in der Pfanne geben und 1 bis 2 Minuten vorsichtig alles miteinander bei leichter Hitze vermischen. Von der Kochstelle nehmen, den Parmesan untermischen und mit der Petersilie bestreuen.

TIPP

Es lohnt sich, beim Kochen der Farfalle 200 g mehr zu nehmen. Kalt sind sie eine ausgezeichnete Grundlage für einen sommerlichen Salat mit Meeresfrüchten, Schinken oder zartem Gemüse.

Gnocchetti sardi con Sugo di coniglio

Sardische Gnocchi mit Kaninchenragout

400 g Gnocchetti sardi, 40 g Salz

1 Kaninchen von etwa 1 kg, 2 EL Olivenöl extra vergine, 1 ELButter, 2 Zwiebeln, 1 Karotte, 4 reife Tomaten, 1 Knoblauchzehe, 1 Glas Weißwein, 1 Zweig Thymian, 1 Lorbeerblatt, 100 g grüne Oliven, Salz, Pfeffer

30 g Butter, 50 g frisch geriebener Pecorino, gehackte Petersilie

Das Kaninchen zerteilen, den Rücken herauslösen und für ein anderes Gericht aufbewahren. Die Vorder- und Hinterläufe und den Bauchlappen mit einem scharfen Messer oder einer Küchenschere in kleine Stücke zerschneiden.

Das Olivenöl und die Butter in einem Schmortopf erhitzen. Die Kaninchenteile darin anbraten und aus dem Topf nehmen.

Die in Würfel geschnittenen Zwiebeln und die gewürfelte Karotte in den Topf geben und ebenfalls anrösten.

Die Tomaten mit kochendem Wasser überbrühen, die Haut abziehen, entkernen und in Stücke schneiden. Auf einem Sieb abtropfen lassen. Mit der zerdrückten Knoblauchzehe zu dem Fleisch geben. 5 Minuten schmoren lassen. Mit Salz und Pfeffer würzen, den Thymian und das Lorbeerblatt hinzufügen und mit Wein begießen. Aufkochen lassen und den Topf fest verschließen. 30 Minuten bei leichter Hitze schmoren lassen.

In der Kochzeit des Ragouts die *Gnocchetti sardi* nach den »Goldenen Regeln des Pastakochens« (siehe Seite 43) sowie den Angaben der Kochzeit auf der Packung *al dente* kochen. Rechtzeitig Probenudel entnehmen.

Das Kaninchenfleisch von den Knochen lösen, klein schneiden und zurück in das Ragout geben. 5 Minuten schmoren lassen. Die entkernten Oliven hinzufügen und noch einmal durchkochen lassen. Mit Salz und frisch gemahlenem Pfeffer abschmecken.

Die gekochten *Gnocchetti sardi* auf einen Durchschlag schütten, gut abtropfen lassen und in den Topf zu dem Kaninchenragout geben.

Ein bis zwei Minuten alles miteinander bei leichter Hitze vermischen. Von der Kochstelle nehmen, die Butter in Flöckchen sowie den Pecorino hinzufügen und mit Petersilie bestreut auftragen.

Orecchiette con verdure

Apulische Nudelöhrchen mit Gemüse

Anstelle der hausgemachten Orecchiette können fabrikmäßig hergestellte Orecchiette verwendet werden.

Teig: 100 g Hartweizengrieß, 200 g Weizenmehl, 1 TL Salz, knapp 1/8 l lauwarmes Wasser

Sugo: 400 g Mangold oder 800 g Brokkoli, 8 EL Olivenöl extra vergine, 2 Knoblauchzehen, 4 Sardellenfilets, 1 kleine rote Pfefferschote (Peperoncino)

Hartweizengrieß und Mehl in einer Schüssel vermischen. Das Salz in dem lauwarmen Wasser auflösen und unter Rühren mit einem Holzlöffel oder einem Knethaken mit dem Mehl zu einem festen Teig, etwa von der Konsistenz eines Brotteiges, verkneten – der Teig darf nicht zu weich sein.

Den Teig teilen und von einer Teighälfte auf einem bemehlten Brett eine Rolle von etwa 1 1/2 cm Durchmesser formen. Mit einem scharfen Messer 5 mm dünne Teigscheiben abschneiden. In jede Teigscheibe mit einem Löffelstiel eine Vertiefung drücken. Über dem bemehlten

Daumen zu einem Hütchen (Öhrchen) ausziehen und auf ein leicht bemehltes Brett zum Trocknen legen. Mit der zweiten Teighälfte ebenso verfahren. Der Teig muss schnell verarbeitet werden.

Den Mangold am Stiel einschneiden, die äußere Haut abziehen, die Blätter gründlich waschen und in fingerbreite Streifen schneiden. Den Brokkoli in kleine Röschen zerteilen, reichlich Salzwasser zum Kochen bringen und die Orecchiette hineingeben. Nach 3 Minuten Kochzeit – fabrikmäßig hergestellte Orecchiette haben eine wesentlich längere Kochzeit (siehe Packungsanweisung) – das Gemüse hinzufügen. Weitere 2 Minuten kochen lassen, Brokkoli 8 Minuten. Auf einen Durchschlag schütten und gut abtropfen lassen. Inzwischen die Knoblauchzehen fein hacken, die Sardellen in Stückchen, die Pfefferschote in Streifen schneiden und alles miteinander vermischen.

Das Olivenöl in einer hochwandigen Pfanne erhitzen, von der Kochstelle nehmen und die Knoblauch-Sardellen-Pfefferschoten-Mischung hineingeben. Mit einer Gabel etwas zerdrücken und gut durchziehen lassen.

Die heiße Pasta mit dem Gemüse hinzufügen. Bei leichter Hitze 1 bis 2 Minuten miteinander vermengen. Auf vorgewärmten Tellern anrichten.

Zu diesem Gericht gehört kein Käse.

Penne all'arrabbiata

Penne in scharfer Sauce

400 g Penne, 40 g Salz

500 g reife Tomaten, 150 g durchwachsener Speck, 1 Zwiebel, 2 Knoblauchzehen, 50 g Butter, 1/2 – 1 kleine rote Pfefferschote (Peperoncino), einige Blätter Basilikum, 50 g geriebener Parmesan, 50 g geriebener Pecorino

Die Penne nach den »Goldenen Regeln des Pastakochens« (siehe Seite 43) sowie den Angaben der Kochzeit auf der Packung *al dente* kochen. Rechtzeitig Probenudel entnehmen. Inzwischen die Tomaten mit kochendem Wasser überbrühen, die Haut abziehen, entkernen und in Stücke schneiden. Auf einem Sieb abtropfen lassen.

Den in Würfel geschnittenen Speck in der Butter glasig braten. Die Zwiebelwürfel, die Pfefferschote und die verquetschten Knoblauchzehen hinzufügen und kurz anbraten. Tomatenstückchen sowie die streifig geschnittenen Basilikumblätter untermischen und bei starker Hitze im offenen Topf in wenigen Minuten etwas einkochen lassen. Salzen. Die Pfefferschote herausfischen.

Die gekochten Penne auf einen Durchschlag schütten, gut abtropfen lassen und in die Pfanne mit dem Tomatensugo geben. 1 bis 2 Minuten alles miteinander bei leichter Hitze vermischen. Von der Kochstelle nehmen, den Parmesan und den Pecorino hinzufügen.

Penne agli scampi

Penne mit Scampi

320 g Penne, 30 g Salz

16 frische Scampi oder Garnelen in der Schale, Salz,
10 Pfefferkörner, 1 Karotte, 1 Stange Staudensellerie,
1 kleine Zwiebel, 2 Stengel Petersilie, 100 g Rotbarbenfilet
5 EL Olivenöl extra vergine, 1 Knoblauchzehe,
2 EL gehackte Petersilie, Salz, Pfeffer
10 g Sauerampfer (2 große Blätter), 30 g Butter

Die Scampi gründlich waschen und vorsichtig aus den Schalen lösen. Die ausgelösten Schalen mit den Gewürzen und dem klein geschnittenen Gemüse vermischen, mit Wasser bedecken und 15 Minuten kochen lassen.
Die Brühe durch ein feines Sieb geben. Die Brühe erneut zum Kochen bringen und das Rotbarbenfilet darin 3 Minuten ziehen lassen. Brühe und Fisch im Mixer pürieren. Die Scampi in fingerbreite Stücke schneiden.

Das Olivenöl in einer hochwandigen Pfanne oder Kasserolle erhitzen, die Knoblauchzehe darin hellgelb braten, die Petersilie und die Scampi hinzufügen und kurz durchrösten. Salzen und pfeffern.

Die Penne nach den »Goldenen Regeln des Pastakochens« (siehe Seite 43) *al dente* kochen. Rechtzeitig Probenudel entnehmen. Auf einen Durchschlag schütten und abtropfen lassen – etwas Nudelkochwasser aufheben.

In die Pfanne mit den Scampi geben, das Fischpüree hinzufügen und, wenn nötig, mit etwas Nudelkochwasser geschmeidig machen. Bei leichter Hitze alles gründlich miteinander vermischen.

Zuletzt den fein geschnittenen Sauerampfer und die Butter in Flöckchen mit dem Pastagericht vermischen. Sofort in heiße Teller füllen und auftragen.

Rigatoni con ragù d'agnello e peperoni

Rigatoni mit Lammragout und Paprika

400 g Rigatoni, 40 g Salz

250 g Lammfleisch aus der Keule oder Schulter, Salz, Pfeffer, 4 EL Olivenöl extra vergine, 2 Knoblauchzehen, 1 kleine rote Pfefferschote (Peperoncino), 1 Lorbeerblatt, 1 rote und 1 gelbe Paprikaschote, 2 EL Tomatenmark, 1/2 Glas Weißwein

Das Lammfleisch in kleine Würfel schneiden und diese mit Salz und Pfeffer einreiben. Das Olivenöl in einem Schmortopf erhitzen, die Knoblauchzehen darin hellgelb braten, dann aus dem Öl nehmen. Das Fleisch hinzufügen und anbraten, bis es zu bräunen beginnt. Die Gewürze hinzufügen.

Die entkernten Paprikaschoten in Streifen schneiden und zum Fleisch geben. Unter Wenden mit dem Fleisch anschmoren, das Tomatenmark hinzufügen und den Wein. Zugedeckt bei leichter Hitze etwa 1 Stunde schmoren lassen, bis das Fleisch weich ist. Wenn nötig mit etwas Fleischbrühe oder Wasser aufgießen. Noch einmal mit Salz und frisch gemahlenem Pfeffer abschmecken.

Die Rigatoni nach den »Goldenen Regeln des Pastakochens« (siehe Seite 43) sowie den Angaben der Kochzeit auf der Packung *al dente* kochen. Rechtzeitig Probenudel entnehmen. Auf einen Durchschlag schütten und gut abtropfen lassen.

Die Rigatoni zum Lammragout in den Schmortopf geben und gründlich mit dem Fleisch vermischen. Auf heiße Teller füllen. Man kann auch geriebenen Pecorino unter die Rigatoni mischen – je nach Geschmack.

Ruote al pomodoro crudo, basilico e mozzarella

Ruote mit frischen Tomaten, Basilikum und Mozzarella

400 g Ruote, 40 g Salz

5 große, reife Fleischtomaten (1 – 1 1/2 kg), 2 Schalotten,
1 kleines Stückchen frische scharfe Pfefferschote
(Peperoncino), Salz, Pfeffer,
6 EL Olivenöl extra vergine,
12 frische große Basilikumblätter, 200 g Mozzarella

Die Ruote nach den »Goldenen Regeln des Pastakochens« (siehe Seite 43) sowie den Angaben der Kochzeit auf der Packung *al dente* kochen. Rechtzeitig Probenudel entnehmen.

Inzwischen die Tomaten mit kochendem Wasser überbrühen, die Haut abziehen, entkernen und in Stücke schneiden. Auf einem Sieb abtropfen lassen.

Die Schalotten in feine Würfel schneiden, die Pfefferschote in feine Streifen. Vermischen, mit Salz und Pfeffer würzen und das Olivenöl sowie das in Streifen geschnittene Basilikum hinzugeben.

Den Mozzarella in 2 cm große Würfel schneiden. Die *al dente* gekochten Ruote auf einen Durchschlag schütten und abtropfen lassen. Mit den marinierten Tomaten und den Mozzarellawürfeln vermischen. Sofort auftragen.

Man kann Ruote, Tomaten und Mozzarella kurz miteinander erwärmen, dann kommen die Ruote heiß auf den Tisch, aber das herrlich frische Aroma der Tomaten und des Olivenöls geht verloren.

TIPP

Ruote sollten möglichst immer mit einem durchsichtigen Sugo serviert werden mit kleinen Einlagen von Gemüsen oder Meeresfrüchten, damit die hübsche Radform sichtbar bleibt.

Sedani ai quattro formaggi

Sedani mit vier Käsesorten

400 g Sedani, 40 g Salz

60 g Schweizer Käse (Gruyère), 60 g Provolone, 100 g Parmesan, 50 g Fontina, 80 g Butter, 1 gestrichener Esslöffel Mehl, 1 Glas (1/8 l) Milch, Pfeffer

Die vier Käsesorten (vom Parmesan nur die Hälfte) in kleine Stücke schneiden.

Die Sedani nach den »Goldenen Regeln des Pastakochens« (siehe Seite 43) sowie den Angaben der Kochzeit auf der Packung *al dente* kochen. Rechtzeitig Probenudel entnehmen. Inzwischen die Hälfte der Butter zerlassen, das Mehl darin hellgelb rösten und mit der Milch aufgießen. Die Sauce etwas einkochen lassen. Von der Kochstelle nehmen und unter Rühren die Käsestücke hinzugeben. Die *al dente* gekochten Sedani auf einen Durchschlag schütten und gut abtropfen lassen.

In eine vorgewärmte Schüssel geben und mit der restlichen Butter in Flöckchen sowie dem frisch geriebenen Parmesan vermischen. Reichlich mit gemahlenem Pfeffer bestreuen. Die Käsesauce kurz bei leichter Hitze erwärmen, bis der Käse geschmolzen ist. Sofort über die Pasta gießen und alles miteinander vermischen.

Fettuccine all'Alfredo

Fettuccine mit Butter und Käse

Teig: 400 g Weizenmehl, 4 Eier, 1 EL Olivenöl extra vergine

Zum Kochen der Pasta: 1 EL Olivenöl, 40 g Salz
Zum Vermischen: 120 g Butter, 120 g Parmesan

Aus Mehl, Eiern und Olivenöl einen glatten Nudelteig zubereiten (siehe Seite 122) und mit einem feuchten Tuch bedeckt 20 Minuten ruhen lassen. Den Teig in 2 bis 3 Teile schneiden und mit Hilfe einer Pastamaschine oder mit einem Nudelholz messerrückendick ausrollen. Die Teigblätter zusammenrollen und in 1 cm breite Fettuccine schneiden. Dann wieder auseinander rollen und etwas antrocknen lassen.

Vier Liter Wasser mit 1 Esslöffel Öl und 40 g Salz in einem hochwandigen Topf zum Kochen bringen und die Fettuccine darin in wenigen Minuten *al dente* kochen. Probenudel vor dem Abgießen entnehmen. Auf einen Durchschlag schütten und gut abtropfen lassen.

Die Fettuccine auf eine große, vorgewärmte Platte geben. Die frische Butter in Flöckchen darauf setzen und den Parmesan über die Nudeln reiben. Mit zwei Gabeln lange und gründlich miteinander vermischen. Butter und Käse müssen ganz geschmolzen sein.

Tortiglioni con le polpettine

Tortiglioni mit Fleischklößchen

400 g Tortiglioni, 40 g Salz

250 g Rinderhack, am besten Tartar,
6 EL frisch geriebene Semmelbrösel, 6 EL Milch,
100 g durchwachsener Speck, 1 Ei, 1 EL Rosinen,
1 EL Pinienkerne, 60 g frisch geriebener Parmesan,
Salz, Pfeffer, eine gute Messerspitze Zimt

20 g Butter, 3 EL Olivenöl extra vergine
1 Karotte, 1 mittelgroße Zwiebel, 500 g reife Tomaten,
1 EL Tomatenmark, 1/2 Tasse Fleischbrühe,
1 Zweiglein Rosmarin, einige Blätter Minze, Pfeffer

Die Semmelbrösel in der Milch einweichen. Den Speck fein wiegen und die Hälfte mit dem Fleisch, den Semmelbröseln, dem Ei, den Rosinen, den grob gehackten Pinienkernen, der Hälfte des Käses und mit den Gewürzen vermischen und mit Salz und Pfeffer abschmecken.
Den Fleischteig etwas durchziehen lassen.

Olivengroße Fleischbällchen formen. Die Butter und 1 Esslöffel Olivenöl erhitzen und die Fleischbällchen darin hellbraun braten.

Die Karotten grob raspeln, die Zwiebel in Würfel schneiden oder beides in der Küchenmaschine grob zerkleinern. Die Tomaten mit kochendem Wasser überbrühen, die Haut abziehen, entkernen und in Stücke schneiden. Auf einem Sieb abtropfen lassen.

Das restliche Olivenöl in einer hochwandigen Pfanne erhitzen, den restlichen Speck, die Zwiebel und die Karotte darin andünsten und die Tomaten hinzufügen. Etwas durchbraten lassen. Das Tomatenmark mit der Fleischbrühe verrühren und zu den Tomaten geben. Den Rosmarin hinzufügen und salzen. Bei leichter Hitze 10 Minuten schmoren lassen.

Die Fleischklößchen in den Sugo geben und weitere 10 Minuten köcheln lassen. Die streifig geschnittenen Minzeblätter unter den Sugo rühren und herzhaft mit grob gemahlenem Pfeffer würzen.

Die Tortiglioni nach den »Goldenen Regeln des Pastakochens« (siehe Seite 43) sowie den Angaben der Kochzeit auf der Packung *al dente* kochen. Rechtzeitig Probenudel entnehmen. Auf einen Durchschlag schütten und gut abtropfen lassen.

In die Pfanne mit den Fleischklößchen geben und bei leichter Hitze 1 bis 2 Minuten alles miteinander vermischen. Man kann die Sauce mit etwas Sahne verfeinern, aber das ist dann nicht mehr neapolitanisch.

Tagliatelle con caviale

Tagliatelle mit Kaviar

Teig: 200 g Weizenmehl, 2 Eier

Zum Kochen der Pasta: 1 EL Olivenöl, 20 g Salz

100 g Kaviar (für dieses Gericht genügt in jedem Fall der kleinkörnige Sewrugakaviar), 50 g Butter, 2 EL Ricotta, 1/8 l dicke Sahne (Crème double oder Crème fraîche), grob gemahlener schwarzer Pfeffer, 2 EL fein gewiegter Schnittlauch

Aus Mehl und Eiern einen glatten Nudelteig zubereiten (siehe Seite 122) und mit einem feuchten Tuch bedeckt 20 Minuten ruhen lassen. Den Teig in 2 Teile schneiden und mit Hilfe einer Pastamaschine oder mit einem Nudelholz messerrückendick ausrollen. Die Teigblätter zusammenrollen und in 1/2 cm breite Tagliatelle schneiden. Wieder auseinander rollen und etwas antrocknen lassen.

Dann 2 l Wasser mit 1 Esslöffel Öl und 20 g Salz in einem hochwandigen Topf zum Kochen bringen und die Tagliatelle darin in wenigen Minuten *al dente* kochen. Vor dem Abgießen unbedingt Probenudel entnehmen, die Tagliatelle sollen für dieses Rezept sehr *al dente* sein.

Inzwischen in einer hochwandigen Pfanne die Butter schmelzen, den Ricotta in kleinen Stückchen hinzugeben, die Sahne und viel grob gemahlenen Pfeffer. Wenn die Sahnesauce unter Rühren cremig geworden ist, von der Kochstelle nehmen und den Kaviar vorsichtig darunter rühren.

Die *al dente* gekochten Tagliatelle auf einen Durchschlag schütten und gut abtropfen lassen, etwas Nudelkochwasser aufheben.

In die Pfanne zu Sahne und Kaviar geben, 3 Esslöffel Nudelkochwasser hinzufügen und bei leichter Hitze vorsichtig alles 1 bis 2 Minuten miteinander vermischen. Mit dem Schnittlauch bestreuen.

Man kann auch die Sahnesauce mit den Tagliatelle vermischen, die Pasta auf vorgewärmte Teller füllen, jeweils in die Mitte einen großen Löffel eisgekühlten Kaviar setzen und den Schnittlauch auf die Pasta streuen.

Jeder mischt sich dann genussvoll seinen Kaviar selbst unter die Pasta. Als Garnitur dienen 2 Zitronenschnitze.

Tagliatelle verdi alla bolognese

Grüne Nudeln mit Bologneser Sauce

Teig: 400 g Weizenmehl, 2 Eier, 200 g durchpassierter Spinat

Zum Kochen der Pasta: 1 EL Olivenöl, 40 g Salz

Ragù: 50 g Speck, 1 Zwiebel, 1 Karotte, 1 Stange Staudensellerie, 100 g Schweinefleisch, 100 g Rindfleisch, 100 g roher Schinken, 20 g eingeweichte getrocknete Pilze, 50 g Butter, Oregano, 1 Gewürznelke, 2 EL Tomatenmark, 1/8 l Fleischbrühe, 1 Glas Rotwein, Salz, 1/2 Glas Milch oder Sahne, Pfeffer, Muskat

Zum Abrunden: 60 g Butter, 60 g frisch geriebener Parmesan

Aus Mehl, Eiern und dem gut abgetropften durchpassierten Spinat einen glatten Nudelteig zubereiten (siehe Seite 122) und mit einem feuchten Tuch bedeckt 20 Minuten ruhen lassen. Inzwischen für die Sauce Speck, Zwiebel und Karotte in kleine Würfel schneiden, die Selleriestange in Scheibchen. Fleisch und Schinken durch den Fleischwolf passieren oder alles in der Küchenmaschine zerkleinern.

Speck und Zwiebelwürfel in der Butter glasig braten, das Gemüse hinzufügen und kurz durchrösten. Das Fleisch zu dem angebratenen Speck-Gemüse-Gemisch geben, ebenfalls mit durchbraten und die fein gewiegten Pilze, Oregano, Nelke und Tomatenmark mit dem Fleisch verrühren. Mit Fleischbrühe und Wein aufgießen und zugedeckt bei leichter Hitze kochen lassen, dabei hin und wieder umrühren, damit die Sauce nicht ansetzt. Nach 1 Stunde Kochzeit die kochende Milch oder Sahne an die Sauce geben und im offenen Topf durchkochen lassen, bis sich Milch oder Sahne mit dem *ragù* verbunden haben. Mit Salz, frisch gemahlenem Pfeffer und geriebenem Muskat abschmecken.

In der Kochzeit der Sauce den Teig in 2 bis 3 Teile schneiden und mit Hilfe einer Pastamaschine oder mit einem Nudelholz messerrückendick ausrollen. Die Teigblätter zusammenrollen und in ½ cm breite Tagliatelle schneiden. Wieder auseinander rollen und etwas antrocknen lassen.

Vier Liter Wasser mit 1 Esslöffel Öl und 40 g Salz in einem hochwandigen Topf zum Kochen bringen und die Tagliatelle darin in wenigen Minuten *al dente* kochen. Rechtzeitig vor dem Abgießen Probenudel entnehmen. Auf einen Durchschlag schütten und gut abtropfen lassen. In einer vorgewärmten Schüssel mit Butter und Parmesan vermischen.

Auf vier vorgewärmte Teller füllen. In die Mitte die Bologneser Sauce geben. Frisch geriebenen Parmesan getrennt dazu reichen.

In der Trüffelzeit gibt man gerne Würfel oder Scheiben einer kleinen schwarzen Trüffel an die Sauce.

Agnolotti verdi d'Aosta

Spinattaschen mit Käsecreme gefüllt

Teig: 200 g Weizenmehl, 4 Eigelbe,
100 g gekochter pürierter Spinat

Zum Kochen der Pasta: Salz

Füllung: 150 g Fontina, 1/2 l Milch, 2 Eigelbe,
20 g Butter, Pfeffer, 1 Eiweiß

Zum Abrunden: 50 g Butter, einige frische Salbeiblätter

Den Fontina in Würfel schneiden und einige Stunden vor der Zubereitung der Mahlzeit mit der Milch bedeckt stehen lassen.

Aus Mehl, Eigelbe und dem gut abgetropften Spinat einen glatten Nudelteig zubereiten (siehe Seite 122) und mit einem feuchten Tuch bedeckt 20 Minuten ruhen lassen.

Inzwischen die Milch von dem Fontina abgießen, die Eigelbe und die Butter hinzufügen und in einer Schüssel auf ein Wasserbad setzen. Das Wasser soll dabei immer kurz vor dem Kochen bleiben, bis der Käse unter Rühren geschmolzen ist. Etwas

Pfeffer darüber streuen. Wenn die Masse cremig und glänzend ist, aus dem Wasserbad nehmen und abkühlen lassen. Aus der fest gewordenen Käsecreme eine schmale Rolle formen.

Den Teig mit Hilfe einer Pastamaschine oder mit einem Nudelholz 2 mm dick ausrollen.

Die Käserolle in fingerdicke Stücke schneiden. Diese auf die Hälfte des Teiges in 5 cm Abstand verteilen. Den Teil um die Füllung herum mit einem leicht verschlagenen Eiweiß bestreichen. Die zweite Teighälfte darüber legen und vorsichtig rund um die Füllung leicht andrücken. Mit einem Teigrädchen Quadrate aus dem Teig schneiden.

In einem großen, halbhohen Topf reichlich Wasser zum Kochen bringen, salzen und die Agnolotti portionsweise hineingeben. In wenigen Minuten *al dente* kochen. Mit einem Schaumlöffel herausnehmen und gut abtropfen lassen.

In vier vorgewärmte Teller füllen. In einem Pfännchen die Butter mit einigen frischen Salbeiblättern schwenken, bis sie hellgelb ist, und über die Agnolotti gießen. In der Trüffelzeit werden rohe weiße Trüffelscheiben über die Spinattaschen gehobelt.

Cappelletti con prosciutto

Cappelletti mit Schinkenfüllung

Teig: 200 g Weizenmehl, 1 Ei, 1 Teelöffel Olivenöl, 1/8 l Wasser, Salz

Füllung: 1 Zwiebel, 100 g Bratenreste, 100 g roher Schinken, 30 g Butter, 3 EL Marsalawein, 2 EL Sahne, 60 g frisch geriebener Parmesan, 1 Ei, Salz, Pfeffer

Zum Abrunden: 50 g roher Schinken, 60 g Butter, 50 g frisch geriebener Parmesan

Aus Mehl, Ei, Öl, Wasser und Salz einen glatten Nudelteig zubereiten (siehe Seite 122) und mit einem feuchten Tuch bedeckt 20 Minuten ruhen lassen.

Die Zwiebel in kleine Würfel schneiden, das Fleisch und den Schinken in Streifen.

Die Butter in einer Pfanne erhitzen und die Zwiebel darin glasig braten. Das Fleisch und den Schinken hinzufügen und kurz mit anbraten. Mit dem Marsala und der Sahne aufgießen und wieder einkochen lassen. Etwas abkühlen lassen und in einer Küchenmaschine nicht zu fein pürieren. Das Ei und den Parmesan hinzufügen und zu einer festen Paste verarbeiten. Mit Salz und Pfeffer abschmecken.

Den Teig mit Hilfe einer Pastamaschine oder mit einem Nudelholz 2 mm dick ausrollen. Mit einem scharfen Messer Quadrate von circa 6 cm Durchmesser schneiden, in die Mitte je ein kleines Kügelchen der Füllung setzen und zu Dreiecken zusammenfalten. Die Ränder fest zusammendrücken und zu Cappelletti formen.

In einem großen, flachen Topf reichlich Wasser zum Kochen bringen, salzen und die Cappelletti portionsweise hineingeben. In wenigen Minuten *al dente* kochen. Den restlichen Schinken in feine Streifen schneiden und kurz in der restlichen Butter schwenken.

Die *al dente* gekochten Cappelletti mit einem Schaumlöffel herausnehmen und auf einer vorgewärmten Platte anrichten. Mit dem frisch geriebenen Parmesan bestreuen und die Schinkenstreifen mit der Butter darüber gießen.

Tortelli dei Farnese

Nudelnockerln mit zarter Käsefüllung

Teig: 250 g Weizenmehl, 2 Eier, 1 Eigelb, 1 Prise Salz, 1 EL Olivenöl extra vergine

Füllung: 250 g frischer Ricotta, 100 g Mascarpone, 150 g gekochter, fein gewiegter Spinat, 1 Ei, 50 g frisch geriebener Parmesan, Salz, Pfeffer, frisch geriebene Muskatnuss

Zum Abrunden: 80 g Butter, einige frische Salbeiblätter, frisch geriebener Parmesan
Nach Saison: 1 kleiner, frisch gehobelter Trüffel

Aus Mehl, Eiern, Salz und Olivenöl einen glatten Nudelteig zubereiten (siehe Seite 122) und mit einem feuchten Tuch bedeckt etwa 20 Minuten ruhen lassen.

Für die Füllung alle Zutaten gründlich miteinander verkneten und sorgfältig abschmecken.

Den Nudelteig dünn ausrollen und mit einem Glas oder Teigausstecher Kreise von 5 cm Durchmesser ausstechen. In die Mitte je ein mandelgroßes Stückchen Füllung setzen.

Die Teigränder so über der Füllung zusammendrücken, dass diese nach unten sinkt und die Tortelli eher Nockerln oder Gnocchi ähneln als Teigtaschen.

In einem großen flachen Topf reichlich Wasser zum Kochen bringen, salzen und die Tortelli vorsichtig portionsweise hineingeben. In wenigen Minuten *al dente* kochen.

Mit einem Schaumlöffel herausnehmen, gut abtropfen lassen und sternförmig auf vier vorgewärmten Tellern anrichten.

Die Butter zerlassen, die Salbeiblätter darin leicht anbräunen und über die Tortelli gießen. Mit frisch geriebenem Parmesan und – in der Saison – mit frisch gehobelten Trüffeln bestreuen.

TIPP

Man kann die Tortelli dei Farnese auch halbmondförmig zusammenklappen und die Ränder mit einem kleinen Muster versehen.

Ditali alla Mortadella

Kurze Pasta mit Mortadella

400 g Ditali, 40 g Salz

2 dicke Scheiben (200 g) Mortadella,
1 dicke Scheibe (100 g) Fontina-Käse, 1/8 l Sahne,
40 g frisch geriebener Parmesan, 2 EL gehackte Petersilie
50 g Butter für die Form und für die Butterflöckchen

Die Ditali nach den »Goldenen Regeln des Pastakochens« (siehe Seite 43) sowie den Angaben der Kochzeit auf der Packung *al dente* kochen. Rechtzeitig Probenudel entnehmen.

In der Kochzeit der Pasta die Mortadella und den Käse in Streifen schneiden und in eine Schüssel geben. Die Sahne, den Parmesan und die gehackte Petersilie hinzufügen und gründlich vermischen.

Die *al dente* gekochten Ditali auf einen Durchschlag schütten und gut abtropfen lassen. Mit den übrigen Zutaten in der Schüssel vermischen.

In eine gut ausgefettete feuerfeste Form füllen, mit Butterflöckchen besetzen und im vorgeheizten Backofen bei mittlerer Hitze (220 °C) in 15 bis 20 Minuten hellbraun backen.

Danksagung

Mein Dank gilt, wie bei allen meinen Büchern, zuerst einmal meiner Freundin und Lektorin Barbara Evers, die mir geholfen hat, diese unendliche Nudelgeschichte in die richtige Form zu bringen. Dorothea Brunetti hat kundig bei den Recherchen geholfen und Elfriede Faaß-Katzer, wie immer ständig mitdenkend, das Manuskript geschrieben. Ria Lottermoser, die für die schönen Bücher in der COLLECTION ROLF HEYNE verantwortlich ist, hat wieder einmal viel Geduld bewiesen und von Neuem dafür gesorgt, dass die Gestaltung des Buches auch meinen Wünschen entspricht. Herzlichen Dank.

Wenn es darum ging, für die vielen unterschiedlichen italienischen und deutschen Nudelbezeichnungen eine letzte verlässliche Instanz zu finden, konnte ich immer in dem ausgezeichneten Buch »Pastario« von Eugenio Medagliani und Fernanda Gosetti nachschlagen. Sie haben unter dem Patronat der Städelschule in Frankfurt am Main einen umfassenden Atlas der italienischen Pasta in italienischer und englischer Sprache für die Firma Alessi zusammengestellt.

Der Verlag dankt Giancarlo Gonizzi vom Archivio Storico Barilla in Parma, Italien, für die wertvollen Hinweise und die großartige Unterstützung.

Register der Pastasorten

Agnolini, Anolini 144

Agnolotti alla piemontese al plin 145

Agnolotti verdi 146

Anelli, Anellini 109

Avemarie 109

Bavette 62

Bigoli, Bigoli scuri 54

Bucatini 57

Candele 60

– lunghe 58

Cannelloni 139

Capelli d'angelo 48

Capelvenere 48

Cappellaci alla ferrarese 147

Cappelletti (Pasta secca) 82
– (Pasta ripiena) 148

Cappellini 110

Casonsei alla bergamasca 149
– della Valle Camonica 150

Cassunziei ampezzani 151

Cavatelli 75

Cavatieddi 75

Chifferi, Chifferini, Chifferotti 76

Cjalzons 152

Conchiglie 77
Conchigliette 110
Conchiglioni 77
Corallini 111
Cornetti 78
Corni di bue 78
Corzetti 126
Cravattine, Cravette 79
Creste di gallo 80

Denti d'elefante, – di cavallo,
– di pecora 84
Diavoletti, Diavolini 111
Dischi volanti 82
Ditali 83

Eliche 84
Elicoidali 105

Farfalle, Farfallone 85
Farfalline 85, 112
Fazzoletti 158
Fettuccine 127
Fidelini 48
Franchesine 79
Fregole 112
Fusilli a spirale corti 86
– a spirale lunghi 50

Garganelli 87

Gemelli 88

Gnocchetti 74
– sardi 89

Gnocchi 74

Gnocchi alla piemontese 128
– alla romana 129
– verdi alla trentina 130

Gramigna, Gramignoni 90

Is Malloredus 89

Lancette 113

Lasagne, Lasagne verdi 140

Lasagnette ricce 61

Lingue di passero 62

Linguine 63

Lumache 91

Maccheroni alla chitarra 131
– inferrettati 132

Maltagliati 92

Maniche di frate 93

Margherite, Margheritine 113

Marubini 153

Mezze lune alla siciliana 154

Millerighe 94

Nastrini ... 64

Occhi d'elefante ... 93
– *di pernice*, – *di passero* ... 114

Orecchiette ... 95

Paccheri ... 99

Paglia e fieno ... 66

Pansoti ... 155

Panzarotti ... 155

Pappardelle, Pappardelle ricce ... 65

Pasta colorata ... 117f.

Pasta fresca ... 119-140
– *all'uovo* ... 120f.
– *piccola* ... 107-116
– Grundrezept ... 122
– Zubereitung ... 123f.

Pasta ripiena ... 141-164

Pasta secca ... 37-117
– *corta* ... 71-106
– *lunga* ... 45-70
– Herstellung ... 39f.
– Qualität ... 41f.
– Zubereitung ... 43f.

Penne ... 96

Penne candele ... 97

Perciatelli ... 59

Pici ... 70

Pipe ... 91

Pizzoccheri ... 133

Quadrattini, Quadretti, Quadricci 114

Radiatori 98
Ravioli
– *alla genovese* 156
– *aperti* 158
– *verdi di magro* 157
Reginelle 64
Rigatoni 99
Ristoranti siehe *Spaghetti*
Rosette 153
Rotelli, Rotellini 100, 115
Ruote 100

Sedani, Sedanini 101
Semi di cicoria, – di grana, – di mele,
– di melone, – d'orzo, – di peperoni 115
Sigarette 102
Spaccatelle 103
Spaghetti, klassische 51
Spaghetti integrali 55
Spaghettini 49
Spaghettoni 53
Stelle, Stellette, Stelline, Stelloni 116
Stracci 158
Strangozzi 70

Tacconi 159
Tacconelli 104

Tagliarelli verdi 68

Tagliatelle 134
– *verdi* 135

Taglierini, Tagliolini (Pasta secca) 67
– *(Pasta fresca)* 136

Tajarin 137

Tallerie siehe *Corzetti*

Tonnarelli (al nero) 69

Tortelli dei Farnese 160
– *di zucca* 161

Tortellini alla bolognese 162

Tortelloni romagnoli 163

Tortiglioni 105

Trenette 56

Trofie 138

Tubetti, Tubettini 116

Türteln 164

Umbricelli 70

Vermicelli 52

Vermicellini 49

Ziti 60

Verzeichnis der Rezepte

Agnolotti verdi d'Aosta 208

Bigoli con salsa d'anatra 172

Bucatini all'amatriciana 176

Cannelloni alla piemontese 186

Cappelletti con prosciutto 210

Ditali alla Mortadella 214

Farfalle alle cinque verdure 188

Fettucine all'Alfredo 201

Fusilli alla vesuviana 166

Gnocchetti sardi con sugo di coniglio 190

Lasagne verdi al forno 177

Orecchiette con verdure 192

Pappardelle alla lepre 182

Penne all'arrabbiata 194

Perciatelli alla Norma 180

Rigatoni con ragù d'agnello e peperoni 196

Ruote al pomodoro crudo, basilico e mozzarella 198

Sedani ai quattro formaggi 200

Spaghetti con aglio, olio e peperoncino 168

Spaghetti sciuè-sciuè 169

Tagliatelle con caviale 204

Tagliatelle verdi alla bolognese 206

Tajarin con tartufo bianco 184

Tortelli dei Farnese 212

Tortiglioni con le polpettine 202

Trenette al pesto alla genovese 174

Vermicelli alle vongole veraci in rosso 170

Bigoli mit Entensauce 172

Bucatini mit Schweinebacke und Tomaten 176

Cappelletti mit Schinkenfüllung 210

Farfalle mit fünf Sorten Gemüse 188

Fettucine mit Butter und Käse 201

Fusilli mit Tomaten, Auberginen und Paprika 166

Gnocchetti, sardische, mit Kaninchenragout 190

Lasagne, überbackene grüne 177

Nudeln, grüne, mit Bologneser Sauce 206

Nudelnockerln mit zarter Käsefüllung 212

Nudelöhrchen, apulische, mit Gemüse 192

Nudelrollen, überbackene, mit Fleisch-Spinat-Füllung 186

Pappardelle mit Hasenragout 182

Pasta, kurze, mit Mortadella 214

Penne in scharfer Sauce 194

Perciatelli mit Auberginen
und Ricotta 180

Rigatoni mit Lammragout
und Paprika 196

Ruote mit frischen Tomaten,
Basilikum und Mozzarella 198

Sedani mit vier Käsesorten 200

Spaghetti mit Knoblauch,
Öl und scharfen Pfefferschoten 168

Spaghetti mit Tomaten
und Basilikum 169

Spaghetti, Genueser, mit Basilikum,
Olivenöl und Nusssauce 174

Spinattaschen mit Käsecreme gefüllt 208

Tagliatelle mit Kaviar 204

Tajarin mit weißen Trüffeln 184

Tortiglioni mit Fleischklößchen 202

Vermicelli mit Venusmuscheln
und Tomaten 170

Bildnachweis:
Barilla: S. 37, 45, 49-52, 54, 57, 60, 62, 64, 66, 71, 77, 81, 83, 85, 86, 88-91, 94-98, 100-103, 105, 107, 109-114, 116, 119; Bodo A. Schieren: S. 18, 45, 48, 69, 70, 71, 78, 93, 99, 104, 107, 112, 115, 117, 125-141, 144-158, 160-165, 175, 181, 191, 197, 209; Christian Teubner: S. 37, 45, 53, 55, 56, 58, 59, 61, 63, 65, 67, 68, 74-76, 79, 80, 82, 84, 87, 92, 106, 109, 110, 113, 115, 116, 159. Die Abbildungen auf den Seiten 9 und 39 wurden entnommen aus: Barilla: Vento anni di pubblicità e communicazione, Parma 1994